한국의
사회적 기업
모형개발과
운영전략

한국의 사회적 기업 모형개발과 운영전략

김봉화 · 김재호 공저

한국학술정보㈜

 본 저서의 목적은 사회적 기업을 사회복지 분야에서 고용불안과 양극화를 해결하기 위한 하나의 대안으로 고찰하여, 외국의 사회적 기업 발전단계와 유형을 비교 분석한 후 한국 사회적 기업의 모형과 운영전략을 정립하고자 하는 것이다.

 따라서 본서에서 제시한 첫 번째 문제점은 '한국에서도 사회적 기업이 실업과 양극화 문제를 해결하기 위해 일자리와 서비스를 제공하여 개인복지와 사회통합 그리고 경제성장을 도모할 수 있는 대안인가' 하는 것이다.

 두 번째 의문은 '사회적 기업의 시행 주체에 따라 일자리와 서비스 제공효과가 다른가' 하는 점이다. 유럽은 협동조합, 공제조합, 민간단체를 중심으로, 미국은 비영리 민간단체(NGO)를 중심으로 사회적 기업이 발달되어 왔으나, 한국은 2007년 사회적 기업육성법을 제정하여 정부 주도하에 지원하고 있다. 따라서 관심의 초점은 외국은 사회경제적 상황을 극복하기 위해서 자생적으로 사회적 기업이 발전한 반면, 한국은 정부 주도하에 사회적 기업이 시행되고 있기 때문에, 한국에서 과연 사회적 기업이 성공할 수 있을까 하는 점이다. 사회적 기업의 국내 성장전망이 밝다는 연구결과도 있다(홍석빈, 2009: 41－50). 그러나 한국에서 사회적 기업이 도입 초기인 만큼 이 부분은 차후의 연구과제로 보는 것이 타당하다고 생각한다.

세 번째 문제점은 '한국에 필요한 사회적 기업의 유형은 무엇인가'라는 점이다. 이는 우선 '외국 사회적 기업 유형 그 자체가 한국에도 적용될 수 있는가', 그리고 '한국에 추가로 필요한 유형은 무엇인가' 하는 두 가지 형태의 질문으로 구별할 수 있다. 전자의 질문은 외국에서의 유형이 한국에서의 일자리 창출과 유지 그리고 필요한 서비스 제공이라는 상황을 극복할 수 있는 유형인지를 판단할 필요가 있다는 문제제기이다. 후자는 그 이외에도 한국의 상황에 맞게 추가로 필요한 유형이 무엇인가 하는 의문점이다.

네 번째 문제점은 '한국 사회적 기업의 발전단계를 어떻게 제시해야 하는가'이다. 즉, 앞에서 본 외국 사회적 기업 유형을 한국에서 시간대별로 어떠한 순서로 전개하는 것이 가장 합당한가 하는 것이다. 그 이유는 외국의 사회적 기업 유형은 외국의 상황에 따라 도출된 만큼, 한국의 입장을 고려하여 전개하는 것이 의미가 있다고 판단되기 때문이다.

다섯 번째 문제점은 '발전단계별로 제시된 한국 사회적 기업의 운영 수준은 각각 어느 수준으로 유지해야 하는가' 하는 점이다. 그 이유는 이 부분에 대해 사회적 기업육성법에도 명확히 제시되지 않고 있기 때문이다.

그리고 연구대상인 사회적 기업의 분석 틀은 첫째, 대상 국가, 둘째, 사회적 기업의 발전단계, 셋째, 사회적 기업의 유형으로 구분하였다. 먼저 대상 국가는 유럽형 모델인 영국, 프랑스, 이탈리아와 미국형 모델 등 4개국 중심으로 고찰하였다.

이와 같은 연구분석을 바탕으로 본서에서 밝혀진 한국 사회적 기업에 대한 주요한 결과를 요약하면 다음과 같다.

첫째, 한국 사회적 기업도 실업과 양극화 문제를 해결하는 대안이 될 수 있다는 점이다. 이에 대한 근거로는 한국에서도 사회복지서비스가 고용창출을 주도하고 있다는 사실, 그리고 정부가 현행 자활사업이나 사회적 일자리 사업 및 사회서비스 일자리 사업의 대안사업으로 사회적 기업제도를 도입한 점, 사회적 기업에 대한 법적·제도적 지원의 기반이 확립된 것, 한국에서도 사회적 기업이 초창기이지만 활발하게 도입되고 있다는 점 등을 들 수 있다.

둘째, 한국에 필요한 사회적 기업의 유형을 5가지로 정립하였다. 5가지는 예비 사회적 기업형(PCT), 일자리 중심형(WCT), 서비스 중심형(SCT), 통합형(ICT), 네트워크형(NCT)이다. 이 중에서 일자리 중심형(WCT), 서비스 중심형(SCT), 통합형(ICT)의 3가지는 유럽의 노동통합형, 사회통합형, 혼합방식형을 한국 실정에 맞게 용어를 조정하여 사용하였다. 그리고 예비 사회적 기업형(PCT)을 도입한 이유는 외국과는 달리 한국은 정부 주도하에 사회적 기업을 중점적으로 육성하므로, 단기간에 많은 사회적 기업을 설립해야 하는 태생적인 문제점이 있어 정책적인 측면에서 도입한 것이다. 또한 네트워크형(NCT)은 많은 국가들과 학자들이 그 필요성을 역설하고 있는 모형으로, 사회적 기업의 최종 모형이라 할 수 있다.

따라서 세부적으로 살펴보면, 예비 사회적 기업형(PCT)의 세부적인 3가지 사업 모형으로 '기업연계형(ECT)', '지역연계형(CCT)', '모델발굴형(MET)’을 제안하였다. 또한 네트워크형(NCT)의 세부적인 2가지 사업 모형으로서, ‘사회적 기업 상호 간 네트워크형(SEM)’과 ‘사회적 기업과 타 조직 간 네트워크형(ONT)’을 제안하였다.

셋째, 한국 5대 사회적 기업 모형의 발전단계를 ‘예비 사회적 기업형(PCT)’, ‘일자리 중심형(WCT)’, ‘서비스 중심형(SCT)’, ‘통합형(ICT)’, ‘네트워크형(NCT)’의 순서로 제시하였다. 이같이 한국에서 발전단계가 필요한 이유는 우선, 한국에서 보다 타당하고 효과적인 발전단계로 제시할 수 있다는 점, 그리고 한국 사회적 기업가에게 설득력 있는 이념적인 발전단계로 제공하여 사회적 기업 창업을 유도하는 지침으로 활용할 수 있다는 점 등이다.

넷째, 한국 사회적 기업의 발전단계별 운영 수준은 11가지 운영 기준 중심으로 고찰하였다. 운영 기준 11가지는 사회적 기업육성법상 7대 인증요건과 복지마케팅 4Ps이다. 먼저 사회적 기업육성법상 7대 인증요건을 운영 기준으로 채택한 이유는, 본고의 연구대상이 한국 사회적 기업이므로, 사회적 기업을 규율하는 사회적 기업육성법에서 운영 기준을 찾아야 함은 논리상 당연한 결론이고, 실무에서도 활용 가능성이 높기 때문이다. 또한 복지마케팅 4Ps가 한국 사회적 기업가들도 필요로 하는 부분이고, 마케팅이 기업의 성패를 좌우할 중요한 요인이므로 운영 기준으로 채택하였다.

먼저 운영 기준 중 조직형태 부분을 보면, 예비 사회적 기업형(PCT) 단계에서는 상법상 회사와 민법상 법인에 대하여 적극적인 홍보가 필요하다는 결론을 제시하였다. 그 이유는 인증기업 중 이들의 비율이 높고, 특히 상법상 회사는 운영능력을 이미 갖추고 있기 때문이다. 그리고 일자리 중심형(WCT), 서비스 중심형(SCT), 통합형(ICT), 네트워크형(NCT) 단계에서는 자신의 조직상황에 맞는 단계를 선택하여 운영하는 것이 필요하다는 의견을 제시하였다.

그리고 운영 기준 중에서 유급근로자 채용 수준은 예비 사회적 기업형(PCT)과 사회적 기업 인증 시의 유급근로자는 10인 미만으로 제시하였다. 그리고 일자리 중심형(WCT), 서비스 중심형(SCT), 통합형(ICT), 네트워크형(NCT)의 유급근로자 수는 각각의 상황에 따라 2단계는 10인 이상~30인 미만, 3단계는 30인 이상~50인 미만, 4단계는 50인 이상~100인 미만, 5단계는 100인 이상~300인 미만으로 제시하였다.

또한 사회적인 목적 실현 수준으로는 예비 사회적 기업형(PCT)에서 사회적 기업으로 인증 시에는 취약계층 의무 고용비율을 50%로 하고, 일자리 중심형(WCT), 서비스 중심형(SCT), 통합형(ICT), 네트워크형(NCT)의 경우는 의무 고용비율을 70%로 상향하는 방안을 제안하였다.

다음으로 의사결정구조 수준으로는 예비 사회적 기업형(PCT), 일자리 중심형(WCT), 서비스 중심형(SCT), 통합형(ICT), 네트워크형(NCT) 등 모든 사회적 기업이 중요사항은 보통결의로 하고, 특히 중대한 사항은 특별결의로 제시하였다.

또한 수입 수준으로는 예비 사회적 기업형(PCT)은 총수입 비율이 30% 이상으로, 일자리 중심형(WCT), 서비스 중심형(SCT), 통합형(ICT)의 경우는 인증 후 1년 이내에는 50% 이상으로, 2년 이내에는 70% 이상으로, 3년 이내에는 100%로 하여 자립시키는 방안도 언급하였다.

그리고 정관이나 규약요건의 수준은 일자리 중심형(WCT), 서비스 중심형(SCT), 통합형(ICT), 네트워크형(NCT)으로 운영하는 경우에는,

인증신청부터 정관이나 규약사항 중에서 목적, 사업내용, 수익배분 및 재투자 사항, 종사자의 구성 및 임면 사항을 중심으로 세부적인 내용을 정립하여야 함을 예를 들어 제시하였다. 그 이유는 이들 규정이 바로 각 모형의 특징을 나타내는 척도이기 때문이다.

이윤 분배 수준으로는 상법상 회사를 제외하고는 이윤 분배와 관련한 규정이 없으나, 잉여금의 70% 이상을 사회적 목적을 위하여 사용하는 조직이 있음을 명기하였다.

제품전략 수준에서는 제품을 재화와 서비스 및 지식으로 정의하였다. 그리고 예비 사회적 기업형(PCT), 일자리 중심형(WCT), 서비스 중심형(SCT), 통합형(ICT), 네트워크형(NCT)은 재화와 서비스 및 지식을 포함한 제품전략과 관련하여 무엇보다도 새로운 제품 또는 새로운 품질을 가진 제품의 도입, 그리고 새로운 생산방법의 도입 또는 새로운 생산요소(재료)의 확보방안이 필요함을 제시하였다.

그리고 가격전략 수준에서는 5개 사회적 기업 모형이 공통적으로 가격동일화 전략과 가격차별화 전략으로 구분하여 시행하는 방안을 예를 들어 설명하였다. 또한 이 전략도 경쟁시장과 독점시장하에서 달리 적용해야 한다는 점을 부연 설명하였다.

유통전략 수준에서는 예비 사회적 기업형(PCT)은 단독으로 판매하는 유통전략을, 일자리 중심형(WCT), 서비스 중심형(SCT), 통합형(ICT) 경우에는 모든 판매망 중에서 운영이 가능한 유통전략을, 네트워크형(NCT)에서는 전국 단위의 유통전략을 수립하여야 한다고 언급하였다.

마지막으로 촉진전략 수준으로 정부 차원에서는 전체 사회적 기업에 대한 명칭과 취지 및 목적, 활동 분야 등을 홍보하는 전략이 필요하고, 예비 사회적 기업형(PCT), 일자리 중심형(WCT), 서비스 중심형(SCT), 통합형(ICT), 네트워크형(NCT) 사회적 기업들은 우선 지역사회의 단체와 주민에게 자신의 사회적 기업을 홍보하는 방안을 강구하고, 제품에 따라 푸시형 전략과 풀형 전략을 적절히 구사하는 방안을 수립하여야 함을 제시하였다.

이상의 결과를 종합하면 역사적인 맥락에서 볼 때, 사회적 기업은 일자리 창출 등 측면에서 중요한 역할을 수행하고 있으며, 향후 공공부문이 해결하지 못하거나 해결하기 어려운 사회문제를 사회복지 차원에서 대처할 수 있는 대안으로 평가된다.

또한 외국의 경우는 사회적 기업이 사회문제를 해결하려는 역사적인 필요성에 의하여 장기간 운영되었기 때문에 안정적인 운영과 지역사회에 이바지하고 있다. 반면, 한국은 외국 사회적 기업을 도입한 초기인 만큼 현실적으로 일자리 창출 및 유지, 그리고 안정적인 운영과 발전, 사회복지 이념의 추구, 지역사회에 대한 기여 등 문제를 동시에 해결해야 하는 어려운 문제를 안고 있다.

따라서 한국에서도 사회적 기업을 일자리 창출이나 서비스 제공 또는 지역사회 발전을 주도적으로 할 수 있는 대안 중 하나로 보아 학문적으로나 실무적으로 한국형 사회적 기업을 반드시 정립하여야 한다.

향후 저자가 바라는 부분은 독자제현이 앞으로 사회적 기업을 연구하고자 하는 경우에는 본서의 제한점에서 언급한 8가지의 분석을 계속 진행하였으면 하는 바람이다.

끝으로 그리고 본서가 나오기까지 물심양면으로 도움을 주신 한국학술정보㈜ 사장님과 직원 여러분, 연구소의 많은 분들, 그리고 주위에서 따뜻한 마음으로 지켜봐 주신 지인들께, 지면을 빌려 고마운 정과 감사의 마음을 전한다.

2010. 8.

사회복지 통계 & 컨설팅 연구소에서

저자 일동

차 례

제 5 장 한국의 사회적 기업 발전단계와 운영전략 / 163

제 6 장 나오면서 / 229

제 1 장

들어가면서

제1절 한국 사회적 기업에 대한 연구관점

　유럽에서의 사회적 기업은 사회적 경제라는 맥락 속에서 제기되었고, 미국은 자원봉사조직 측면에서 사회적 기업이 대두되었다. 1970년대 후반 이후에 시작된 실업문제에 대처하기 위하여, 유럽 각국은 국가 차원에서 기존의 수동적 노동정책인 실업급여 제도를 넘어선 능동적인 노동정책을 시작하였다. 능동적인 노동정책은 실업자들이 노동시장으로 돌아갈 수 있도록 훈련과 직업경험을 갖게 해 주는 적극적인 노동정책을 말한다.

　또한 민간에서 시작된 사회적 기업도 적극적인 노동시장정책의 중요한 수단으로 채택되었다. 벨기에, 독일, 프랑스, 아일랜드 등 국가에서는 1990년대 초반부터 노동시장정책과 사회보장정책이 혼합된 성격의 '2차 노동시장 프로그램'이 도입되었고, 그 주요한 수행수단이 사회적 기업이었다.

한국에서도 IMF 이후에 사회통합을 위하여 자활사업과 노인, 장애인, 여성 등 취약계층의 일자리 창출 등에 복지정책을 시행하고 있다. 그리고 정책효과를 높이기 위한 방안으로 공공부문과 더불어 민간부문에서도 필요성이 제기되어, 2007년 사회적 기업육성법이 제정되었다.

이 같은 역사적인 맥락에서 볼 때, 사회적 기업은 일자리 창출 등 측면에서 중요한 역할을 수행하고 있으며, 향후 공공부문이 해결하지 못하거나 해결하기 어려운 사회문제를 사회복지 차원에서 대처할 수 있는 대안으로 평가된다.

이와 같이 사회적 기업의 도입 배경과 제도적 유사성을 가지고 있는 유럽의 경험은 한국의 사회적 기업 도입과 발전에 중요한 시사점을 제시한다고 볼 수 있고, 미국의 자원봉사조직도 한국 사회적 기업의 운영 등에 유용한 지침을 제공할 수 있다고 평가된다.

따라서 본서에서는 다음과 같은 관점에서 사회적 기업을 고찰하고자 한다. 첫째, 한국에서도 사회적 기업이 실업과 양극화 문제를 해결할 수 있는 대안인지 여부를 밝히고자 한다. 이 점에 대해서는 대다수의 연구가 한국에서도 사회적 기업이 대안 중 하나라고 주장하고 있다. 이 점은 후술한다. 뿐만 아니라 한국은 유럽국가들보다 사회투자정책의 영역을 더 넓혀야 한다는 주장도 제기되고 있다. 즉, EU 노동시장중심의 사회투자정책에 추가하여 사회서비스의 보완적 발전이 필요하다는 것이다(사회투자지원재단, 2009: 148).

둘째, 사회적 경제, 사회적 일자리, 사회적 서비스 등 관련 개념을 한국 사회적 기업 측면에서 재정립하고, 사회적 기업과의 관련성을 도출하고자 한다. 그 이유는 언급한 개념들이 혼용되어 사용되고 있기 때문이다. 또한 유럽에서의 사회적 기업은 사회적 경제라는 맥락 속에서 제기되고, 그 속에서 해석되었기 때문에 사회적 기업에 대한 올바른 이해는 사회적 경제라는 맥락에 대한 이해에서 출발할 필요가 있으며, 한국에서 사회적 경제의 개념을 필요로 하는 시점이기 때문이다.

셋째, 한국에서 유용한 사회적 기업의 5대 유형을 사회적 목적 측면에서 제시하고자 한다. 외국의 사회적 기업 유형과 각각의 발생 원인을 조사하여 한국에서도 도입이 가능한지를 분석하는 것이다. 이를 위해 발생 순서를 기준으로 한 연혁적인 검토를 거쳐, 세부적으로는 국가별로 노동창출형, 서비스 제공형, 혼합형 등을 고찰하고, 각각의 특징 및 장단점도 분석하고자 한다. 그리고 한국의 실정법상 필요한 유형으로 '예비적 사회적 기업형'과 학문적으로 주장된 '네트워크형'을 추가로 도출하고자 한다. 그 이유는 '예비적 사회적 기업형'은 법적으로 인증이 없지만, 사회적 기업형의 전 단계로서 사회적 목적을 추구할 수 있고, 인증 후에는 보다 크게 사회적 목적을 달성할 수 있기 때문이다. 또한 '네트워크형'은 많은 연구가들이 필요하다고 주장한 사안이고(임혁백 등, 2007; 엄형식, 2008 등), 기업특성상 다른 단체나 정부 등과의 연계를 통해야 판매와 경영에 도움이 되고 기업 유지의 가능성이 높기 때문이다.

넷째, 한국 사회적 기업의 5대 유형을 시간개념을 도입하여 발전단계별로 도식화하고자 한다. 현재 사회적 기업의 유형을 발전단계별로 도식화한 연구는 거의 없다. 따라서 먼저, 각국 사회적 기업의 발전단계를 살펴보고, 향후에 필요한 유형, 그리고 한국의 실정법상 필요한 유형을 고려하여 시간별로 발전단계를 제시한다. 이는 사회적 기업으로 창업 계획이 있거나 도입기에 있는 한국 사회적 기업가에게 하나의 이념형으로 제시할 수가 있고, 정책입안자에게 발전단계별 전반적인 정책수립 시행에 도움을 줄 수 있다고 본다.

다섯째, 발전단계별로 도식화된 한국 사회적 기업 각각의 유형에 대하여 각각의 운영 수준을 제시하고자 한다. 현재 사회적 기업 유형별 운영 수준에 대한 연구가 매우 부족한 실정이다. 그러므로 11가지 운영 수준 기준 즉, 사회적 기업법적 7가지 인증요건과 복지마케팅 4P전략을 기준으로, 5대 유형의 사회적 기업의 운영방안을 정립하고자 한다. 그 이유는 법적 7가지 인증요건은 사회적 기업이라면 당연히 구비해야 할 요건이다. 그리고 복지마케팅 4P전략은 기업전략의 일종으로 외국의 사례에서도 볼 수 있고, 많은 사회적 기업가와 연구자들이 주장한 전략이다(노대명, 2008; 임혁백 등, 2007). 7가지 인증요건은 조직형태, 유급근로자 채용, 사회적 목적 실현, 민주적 의사결정, 수입조건, 규정요건, 이윤 재분배 이고(법 제8조), 4P전략은 제품, 가격, 유통, 촉진전략이다. 11가지 운영 수준은 각각 기준이 되는 수치로 표시하고자 한다. 이 같은 운영 수준 기준 또한 한국 사회적 기업가에게 하나의 기준 틀로 제시하여 발전할 수 있는 동기를 부여할 뿐만 아니라, 운영 수준별로 세부적인 정책입안에 도움이 될 것이다. 또한 향후 사회적 기업의 감사나 평가 지표의 하나로 활용할 수 있다고 본다.

제2절 연구방법 및 범위

1. 질적 연구방법의 효용성

본서의 목적은 한국형 사회적 기업을 연구하는 것으로 연구방법은
한국 사회적 기업에 대한 새로운 가설 정립 또는 한국 사회적 기업의
미개척 분야에서 기본적인 자료를 제공하기 위한 탐색적 조사로 하
고자 한다. 그러므로 탐색적 조사 형태이면서 질적 연구를 포함하는
문헌연구로 진행하고자 한다(남세진 · 최성재, 2003: 65,353). 그 이유
는 연구의 선택문제는 연구조건과 목적에 따라 선택되어야 하는 문
제이므로(Rubin & Babbie, 1998: 53), 질적 연구를 선택하는 것이 본 연
구와 부합하다고 생각되었기 때문이다.

따라서 질적 연구로는 이미 조사된 각국의 정부 보고서, OECD보
고서, 각국의 민간 연구논문, 각국 단체의 연구논문, 심포지엄 자료,
각국 및 단체의 사이트, 연구조사 분석자료, 서적 등 기존 통계자료와
현재의 통계자료를 활용한다. 또한 자료수집 방법으로는 글래이저와
쉬트라우스(Glaser & Strauss)의 '근거이론(grounded theory)'을 사용하기
로 한다. 이렇게 선택한 이유로는 근거이론은 기존자료를 통해 이론
을 발견하는 귀납적 방법으로서, 현실자료를 바탕으로 새로운 사회복
지학 이론이나 지식을 개발하는 데 적합한 접근방법이므로(Sherman &
Reid, 2004: 26), 사회복지 차원에서 한국 사회적 기업에 대한 새로운
모형과 운영이론을 개발하려는 본 연구의 목적과 일치한다.

또한 문헌연구에는 비관여적인 연구조사인 내용분석, 기존 통계치의 분석, 역사/비교분석 등이 있다(Rubin & Babbie, 1998: 457－483). 그 중에서 기존 통계치의 분석, 역사/비교분석을 사용하고자 한다. 그 이유는 '기존 통계치의 분석'에서 기존 통계는 역사적 또는 개념적 맥락을 제공하는 경우가 많으므로, 외국과 한국의 통계를 이용하여 한국 사회적 기업의 발전방향과 운영 수준의 기준수치를 제시할 수 있다고 본다. '역사/비교분석'은 하나의 역사적인 상황이 각기 다른 장소에서도 발생하는 경우 공통의 유형을 발견하고자 시도되는 방안이므로, 이 방법을 사용하여 한국 사회적 기업에 적용 가능한 공통유형을 도출할 것이다. 따라서 본서에서는 질적 연구의 근거이론에 의거한 문헌연구 방법을 사용하고자 한다.

2. 연구범위의 5측면

연구범위는 연구초점에 따라 다섯 가지로 보고자 한다. 첫째, 사회적 기업의 개념비교, 대안으로서 사회적 기업 여부, 사회복지와 사회적 기업 간의 관계는 영국 통상산업부(DTI), OECD보고서, 미국연구, 벨기에 왈룬 사회적 경제위원회, 한국 사회적 기업육성법, 이탈리아 등 각국의 보고서를 기준으로 한다. 특히, 사회적 기업과 사회복지와의 관계는 사회적 기업의 사회적 목적과 사회복지와의 상관성을 밝히는 것으로, 이는 각국의 사회적 목적을 살펴보고, 사회복지에 대한 학자들의 이론과 상호 유사점과 차이점을 비교하는 방법으로 연구하고자 한다.

둘째, 사회적 기업의 통계비교는 국내외 연구보고서와 간행물 중심으로 진행하며, 특히 「The emergence of Social Enterprise」를 중심으로 고찰한다. 이 연구는 EU 15개국의 사회적 기업에 관한 내용을 4년간의 프로젝트를 통해 연구한 결과를 토대로 하였고, 보다 전통적인 제3섹터 조직 혹은 비영리단체에 대한 내용을 조사하였을 뿐만 아니라, 사회적 기업 이론의 개요를 처음으로 시도하여 나타내고 있는 점이 특징이다.

셋째, 한국 사회적 기업의 5대 유형 도출은 국내외 연구보고서와 OECD보고서, 각국의 관련 사이트, 간행물을 기준으로 제시한다. 3대 유형 즉, '일자리 창출형', '서비스 제공형', '통합형'은 유럽 사회적 기업의 공통 유형에서 추출하고, 2대 유형 중 '예비적 사회적 기업형'은 한국 '사회적 기업육성법'과 제도 부분에서, '네트워크형'은 연구가들의 주장부분에서 도출한다. 3대 유형은 이미 유럽 등에서 사회문제를 해결하기 위하여 연혁적으로 전개되어 온 만큼, 가장 유용한 한국 사회적 기업의 유형으로 활용할 수 있을 것이다.

넷째, 한국 5대 유형의 성장단계는 국내외 연구보고서와 연구논문을 중심으로 정립한다. 우선 유럽에서 '일자리 창출형', '서비스 제공형', '통합형'의 순서로 진행되어 왔음을 밝히고, '예비적 사회적 기업형'을 사회적 기업형의 전(前) 단계로, '네트워크형'을 마지막 단계로 소개한다.

다섯째, 한국 사회적 기업의 운영 수준에서 사회적 기업법적 7가지 세부요건은 한국법 규정과 각국의 사회적 기업 인정기준을 비교하여 전개한다. 또한 복지마케팅 4P는 경영 관련 자료를 참고하여 제시하기로 한다.

3. 한국 사회적 기업에 대한 연구 흐름도

이와 같이 한국 사회적 기업의 연구방법과 연구범위를 결정하여 본서의 흐름도를 <그림 1-1>과 같이 진행하고자 한다.

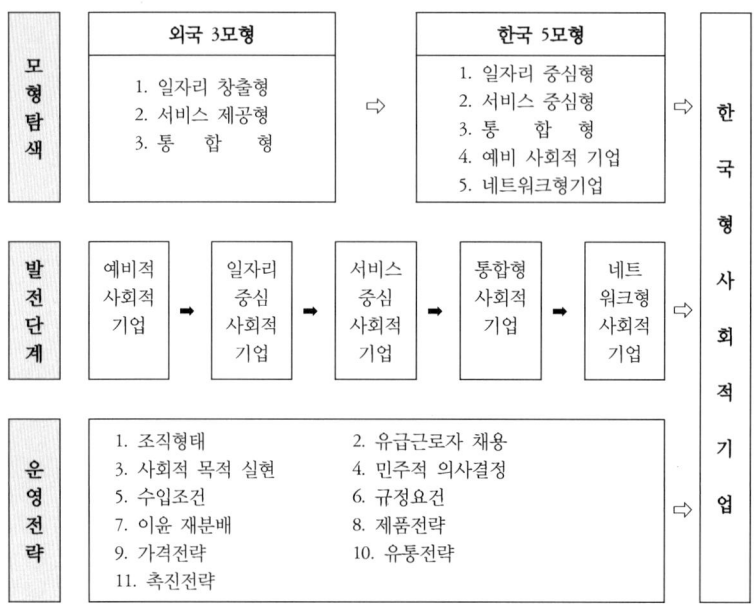

<그림 1-1> 한국 사회적 기업의 연구 흐름도

제 2 장

사회적 기업의 이론적 배경

제1절 선행연구의 탐색과 시사점

최초의 사회적 기업의 연구로서 유럽연합의 'EMES 네트워크'[1]에서는 1996~1999년까지 유럽연합 15개국의 연구결과를 '유럽 사회적 기업의 출현(2001)'이라는 간행물로 저술하였다.

OECD에서도 '사회적 기업(1999)'을 통해 사회적 기업의 기원과 개념, 형태, 특징 등을 소개하고 있고, 유럽과 미국의 사회적 기업에 대한 개념과 사례, 유형 등을 소개하고 있다.

영국 통상산업부(DTI a)의 '사회적 기업: 성공을 위한 전략'에서는 사회적 기업의 정의, 전략적 비전, 해결과제, 환경조성, 기업의 육성정책, 가치정립 등을 소개하고 있다. 그리고 '사회적 기업 진행보고서: 성공을 위한 전략'에서는 시행 1년간의 성과, 환경조성, 가치 확

---

1) EMES는 "유럽 사회적 기업의 등장(emergence of social enterprises in Europe)"에 대해 이루어진 광범위한 리서치 프로젝트의 불어명의 약자이다.

립 여부 등을 언급하고 있다(DTI b). 또한 '영국의 사회적 기업 육성계획'에서는 사회적 기업이 중요한 이유와 성장을 위한 육성계획을 제시하고 있다(DTI c). 성장을 위한 육성계획에는 문화육성, 정보와 조언 제공, 자금조달, 정부와의 협력, 이행보장 관련 내용이 있다.

알터(Sutia Kim Alter, 2004)는 사회적 기업에 대해 전반적인 내용을 소개하고 있다. 저자는 사회적 기업의 연속체로서, 수익창출활동을 하는 비영리기관, 사회적 기업, 사회적 책임기업, 사회적 책임활동을 하는 기업 등 4가지로 구분하고 있다(<그림 2-1> 참조).[2] 또한 사회적 기업 유형을 사명지향 정도, 사업과 프로그램의 통합 정도, 운영 모델 기준 등으로 구분하고 있다. 또한 사회적 기업의 구조와 방법론을 제시하고 있는 점이 특징이다. 방법론은 위험관리, 프로그램 전략, 재정전략, 능력입안 전략, 문화적 전략 차원에서 설명하고 있으며, 운영 모델의 예시도 언급하고 있다.

학자로는 EMES 설립을 주도한 벨기에 리에주대학 사회경제센터 소장 자크 드푸르니(Jacques Defourny), 에버스(Evers), 스베트리크(Svetlik), 페스토프(Pestoff), 폴라니(Polanyi) 등이 사회적 기업 개념과 유형 등을 소개하고 있다.

---

2) 사회적 책임기업은 주주의 이익을 목적으로 하는 영리 기업이지만, 사회적 사명에도 목적을 두고 있는 기업으로, 이윤의 상당부분을 사회적 목적에 사용할 뿐만 아니라 기업의 미션에 사회적 사명이 포함되는 경우가 많다. 사회적 책임활동을 하는 기업은 이윤 추구를 목적으로 하지만 사회 공헌 활동에 참여하는 기업으로, 경영상 이익을 위해 사회 공헌 활동을 전략적으로 활용한다. 그 예로는 직원 자원봉사, 기업 기부, 보조금 제공 등이 있다.

사회적 가치 창출				경제적 가치 창출		

← ――――――――――――――――――――――→

전통적 비영리기관	수익 창출 활동을 하는 비영리 기관	**사회적 기업**	사회적 책임 기업*	사회적 책임 활동을 하는 기업**	전통적 기업

△ 사회적 목적(사회적 가치 창출)   △ 이윤 추구 목적(경제적 가치 창출)
△ 이익관계자에 대한 책임성   △ 주주에 대한 책임성
△ 수익은 사회적 프로그램이나 운영비에 △ 주주에게 이익 환원
　재투자

◇ 자료: Sutia Kim Alter(2004), Social Enterprise Typology, Virtue Ventures LLC, 7.
* 주주의 이익을 목적으로 하는 영리 기업이지만, 사회적 사명에도 목적을 두고 있는 기업. 이윤의 상당부분을 사회적 목적에 사용할 뿐만 아니라 기업의 미션에 사회적 사명이 포함되는 경우가 많다.
** 이윤 추구를 목적으로 하지만 사회 공헌 활동에 참여하는 기업. 경영상 이익을 위해 사회 공헌 활동을 전략적으로 활용한다. 직원 자원봉사, 기업 기부, 보조금 제공 등이 이에 해당한다.

〈그림 2-1〉 미국 사회적 기업의 스펙트럼

　국가별 연구로는 드푸르니(Jacques Defourny)는 제3섹터에서 사회적 기업까지 소개를, 라빌(Jean-Louis Laville)은 프랑스의 '근접 서비스'를 발전시키는 사회적 기업을, 에버르스(Adalbert Evers) 등은 독일의 사회적 기업과 중간 고용을 연구하였다. 보르자가와 산투아리(Carlo Borzaga & Alceste Santuari)는 이탈리아의 전통적인 협동조합에서 혁신적인 사회적 기업까지, 스피어(Roger Spear)는 영국에 있어서 광범위한 영역의 사회적 기업을 소개하였다. 바치에가와 보르자가(Albert Bacchiega & Carlo Borzaga)는 사회적 기업의 경제적 구조를, 에버스(Adalbert Evers)는 사회적 기업의 기본구조와 다목적 사회자본의 중요성을, 라빌과 니상(Jean-Louis Laville & Marthe Nyssens)은 사회적 기업을 사회경제적 이론의 접근방향으로 설명하고, 보르자가와 솔라리(Carlo Borzaga & Luca Solari)는 사회적 기업을 위한 경영관리를 언급하였다(Borzaga, Carlo & Defourny, Jacques, 2009).

한국에서 사회적 기업 관련 연구는 두 가지 특징을 보이고 있다. 첫째는 관련 단체와 연구가들이 사회적 기업과 사회적 경제의 기본적인 이론 정립을 위하여 활발하게 연구하고 있다. 둘째는 그럼에도 불구하고 사회복지 측면에서 사회적 기업과 사회복지와의 관계설정이 없을 뿐 아니라 현실적으로 적용 가능한 사회적 기업 유형 제시가 미흡하고, 사회적 기업의 발전방향이나 운영 기준에 따른 수준 연구에 대해서는 거의 찾아보기가 힘들다는 점이다.

한상진 외(2005)는 런던 사회적 기업 센터(SEL) 연구서에 언급된 영국 사회적 기업의 6가지 창업경로와 5가지 성장단계를 소개하고 있다.[3] 5가지 성장단계는 기업가적 회사, 혁신적 형태, 안정적 구조, 개조의 시기, 소멸의 순서로서 사회적 기업의 일반적인 구조적인 변화를 도식한 것이다. 또한 사회적 기업의 조직형태를 기업가적 조직, 혁신적 조직, 생산자 조직, 생활양식 조직, 기성조직 등 5가지로 소개하고 있다.

엄형식(2008)은 사회적 경제와 사회적 기업의 연혁 및 유형, 한국에서의 적용가능성, 유럽과 한국의 사회적 기업을 비교하여 발전에 대한 시사점을 제공하고 있다. 유럽 사회적 기업의 유형을 협동조합, 상호 공제조합, 민간단체, 사회적 기업으로 구분하고 있고, 한국 사회적 기업을 전통적 기업(농수협 등)과 새로운 기업(생협 등)으로 예시하고 있다.

임혁백 외(2007)는 사회적 경제, 사회적 기업, 사회 서비스, 사회적

---

3) SEL은 Social Enterprise London의 약자임. 6가지 창업경로는 기업매입, 자원부문 조직의 전환, 공공서비스 모델, 기존 조직에서의 분리신설, 그린필드, 커뮤니티(공동체) 개발이다. 그린필드는 독자적으로 발전하는 새로운 사회적 기업이다.

일자리 관련 용어개념을 정리하였다. 그리고 국가별 사회 서비스 유형을 공공 서비스 모델(스웨덴), 보충주의 모델(독일), 자산조사-시장 의존(영국), 가족주의 모델(이탈리아) 등 4가지로 구분하고 있다. 또한 유럽 사회적 기업을 목표에 따라 노동통합, 사회통합, 혼합형 사회적 기업 등 3가지로 제시하고 있다.

장원봉(2005)은 사회적 경제의 체제 모형을 사회민주주의모델(스웨덴), 조합주의모델(독일), 자유주의모델(영국), 제3부문 지배적 모델(이탈리아), 국가통제의 주변적 모델(한국)로 유형화하였다.

정선희(2004)는 사회적 기업을 3가지 유형으로 구분하고, 미국의 사례를 소개하고 있다. 첫째로는 사회적 목적의 비즈니스 기업으로, 세부적으로는 일자리 제공 기업, 직업훈련 등 사회적 임무를 수행하면서 수익사업을 하는 기업이 있다. 둘째로는 수익창출 비즈니스 기업으로, 세부적으로는 비영리기관이 운영비와 프로그램 조달을 위한 수익원으로 설립한 사업, 비영리기관과 관련이 없으나 이익을 사회적 목적에 환원하는 영리기업이다. 셋째로는 영리와 비영리 간에 파트너십을 이루고 있는 기업이다. 이 중 첫째와 둘째는 알터(Sutia Kim Alter)의 비즈니스/프로그램 통합분류와 같다.

김경휘·반정호(2006)는 사회적 기업의 형태에 대해서 공공부조형(Public Assistance Type, PAT), 지역사회친화형(Local Friendly Type, LFT), 시장친화형(Market Friendly Type, MFT) 등 3가지로 제시한다.

노동부 a(2007)는 사회적 기업과 공공기관, 일반 기업, NGO의 협력체계 구축을 모색하는 관점에서, 사회적 기업의 태생과 관련하여 6모형을 추출하고 있다. 1모형은 자활공동체형 사회적 기업, 2모형은 대기업 지원형 사회적 기업, 3모형은 협동조합형 사회적 기업, 4모형은 복지기관중심 종합생활지원 사회적 기업, 5모형은 NGO 주도-지자체-기업연계형 사회적 기업, 6모형은 지자체 주도-NGO 협력형 사회적 기업이다.

노동부(2008)는 사회적 기업육성법에 의한 취약계층 일자리 제공 50%, 취약계층 사회서비스 제공 50% 기준으로, 사회적 기업을 일자리 제공형, 사회서비스 제공형, 혼합형, 지역사회 공헌형 등 4가지로 구별하고 있다.

'사회적 기업육성법'에서도 취약계층을 대상으로 사회적 기업을 일자리 제공형, 사회서비스 제공형, 통합형 등 3유형으로 규정하고 있다(법 제2조 제1호, 제8조 제1항 제3호, 영 제9조 제1항).

노동부(2009)에서는 한국 사회적 기업의 외형적인 현황을 소개하고 있다. 먼저 한국 사회적 기업의 외형적인 현황을 보면, 인증된 사회적 기업 숫자는 2007년 52개, 2008년 166개로, 4차 인증결과 218개 기관이 인증되었다. 조직형태는 상법상 회사가 89개(41%), 민법상 법인이 52개(24%), 비영리단체가 38개(17%), 사회복지법인 28개(13%), 소비자생협 10개 순으로 다양하다. 유급근로자는 전체 6,565명으로 기관 평균 30명을 고용하고 있으며, 사회적 목적 실현 유형으로는 일자리 제공형이 90개(41%), 혼합형이 63개(29%), 기타 형이 35개(16%), 사회서비스 제공형이 30개(14%) 순이다(노동부, 2009: 11-12).

한겨레경제연구소(2009)는 한국 사회적 기업의 내적인 현황을 사회적 기업가의 철학과 의식을 5가지 측면에서 소개하고 있다. 특히 대학 전공별로는 사회복지학(20.3%) 전공자가 가장 많은 점은 사회복지에서도 사회적 기업을 연구할 필요성이 있다는 점을 시사하며, 경영지원과 독자적인 비즈니스 모델 발굴이 필요하다는 욕구는 사회적 기업에서도 반드시 복지마케팅이나 경영기법도 갖추어야 함을 의미한다(이화주, 2008: 최우성, 2008: 이현숙, 2008).

제2절 사회적 경제와 사회적 기업

제3섹터와 사회적 경제의 관계는 다음과 같다. 유럽 등에서는 복지국가의 위기를 불러온 국가실패와 고용불안과 양극화를 심화시킨 시장실패로 말미암아 새로운 유형인 '제3섹터'가 1970년 중반에 나타나기 시작했다. 제3섹터(The Third Sector)는 국가(제1섹터)와 영리활동의 경제 분야(제2섹터)를 제외한 나머지 영역, 즉 비영리영역을 말한다. 부연하면, 정부와 기업을 제외한 다양한 사회조직이 활동하는 부문으로서, 공공성과 수익성을 동시에 추구하는 경향이 있다(임혁백 외, 2007: 45).

따라서 제3섹터는 사회적 경제와 비영리섹터를 포함하는 개념이나(Defourny, 2001: 3-4), 국가에 따라서는 자원부문(voluntary sector), 사회적 경제, 비영리섹터로 부르고 있다. 또한 제3섹터와 관련하여 프랑스에서는 사회적 경제의 전통이, 미국에서는 비영리섹터의 전통이 강하다.

여기에서 제3섹터를 구성하는 사회적 경제와 비영리섹터의 주요한 차이점은 목적, 조직의 통제방법, 이윤배분 방식 등 3가지이다(Defourny, 2001: 9-10). 첫째, 사회적 경제의 목적은 이윤추구가 아닌 구성원이나 지역사회의 서비스에 있으나, 비영리섹터의 목적은 명확하지 않다는 점이다. 둘째, 사회적 경제의 조직 통제방법은 민주적인 의사결정 절차이나, 비영리섹터는 스스로 통치조직에 의해서 조직이 통제된다. 셋째, 이윤배분 방식에 있어서 사회적 경제는 구성원에게 합리적인 이윤 분배를 인정하나, 비영리섹터는 이윤 분배를 인정하지 않는다.

사회적 경제(social economy)의 정의에 대해서도 다양한 의견이 있다. 첫째, 드푸르니(Jacques Defourny)는 법제도적 접근과 규범적 접근으로 설명하고 있다(Defourny, 2001: 4-7). 전자는 사회적 경제가 협동조합, 상호공제조합, 민간단체의 3가지 요소로 구성된 경제활동이라고 보는 입장이다. 후자는 사회적 경제가 각 조직의 공통적인 4가지 원칙을 따르는 것으로 해석하고 있다. 따라서 후자 입장에서 본 사회적 경제의 개념은 공통적인 4가지 원칙-목적이 회원이나 지역사회에 대한 공헌, 독립적인 관리(경영의 자율성), 민주적인 의사결정, 소득분배에 있어서 자본보다는 사람과 노동을 중시-을 따르는 일련의 경제활동이라고 정의된다.

둘째, 유럽공동체의 유럽위원회는 사회적 경제를 "공동의 욕구를 가진 사람들에 의해 그리고 그들을 위해 만들어진 기업들로 구성된 이해당사자 경제(stakeholder)의 일부로서, 중요한 경제행위자인 협동조합, 상호공제조합, 민간단체, 재단을 포함한다"라고 정의하고 있다(엄형식, 2008: 52).

셋째, 임혁백 외(2007)는 사회적 경제는 기존의 시장경제와 다른 경제로서, 시장퇴출자를 배려하는 이타주의적 효용을 추구하는 경제라고 보고 있다. 따라서 공동체의 연대와 통합을 우선적인 가치로 생각하는 공적인 경제로 정의한다.

김경휘·반정호(2006)는 사회적 경제를 과거처럼 정부 주체의 사회정책을 통해 빈곤문제를 해결하는 것이 아니라, 지역사회를 기반으로 지역사회의 인적·물적 자원을 조직하여 거대시장에 대응하는 등 보다 자치적이고 독자적인 시장을 형성하여 빈곤문제를 해결하고자 하는 경제로 보고 있다.

피어스(J. Pearce)는 경제영역을 3가지 영역 즉, 이윤지향적인 민간상업 시장영역(제1체제), 계획적으로 제공되는 공공서비스의 비상업적 영역(제2체제), 자조와 호혜의 사회적 목적을 지향하는 영역(제3체제)으로 구분하고 있다. 그리고 사회적 경제는 제3체제 중에서 시장지향적인 상업적 활동영역이라고 언급하고 있다(Doherty et al, 2009: 5-6).

결론적으로 제3섹터는 사회적 경제와 비영리섹터를 포함하는 개념이다. 그리고 사회적 경제와 사회적 기업과의 관계에 대해서 피어스(J. Pearce)는 사회적 기업을 사회적 경제의 한 부분으로 보고 있다(Bob Doherty et al, 2009: 5-6). 또한 사회적 기업은 사회적 경제를 이끄는 주체이고, 이윤을 창출하여 사회적 목적인 다른 사람의 이익을 위해 사용해야 하므로 수익성을 추구하는 특징도 있다(임혁백 외, 2007: 19; Jacques Defourny, 2001: 15). 따라서 사회적 기업은 사회적 경제의 한 부분임과 동시에 사회적 경제의 주체로 볼 수 있다.

그리고 사회적 기업의 개념에 대해서는 다양한 견해가 주장되고 있다. 사회적 경제 측면에서 사회적 기업을 조망하는 유럽에서는 사회적 기업의 사회적 목적 차원으로 정의하고 있고, 비영리 측면을 강조하는 미국에서는 비영리 조직으로서 이윤분배의 제한을 강조하고 있다.

먼저 유럽에서는 사회적 기업을 '사회적 목적을 가진 기업', '시민기업', '커뮤니티 비즈니스', '커뮤니티 복지기업'으로 표현하고 있다 (Evers, 2001: 296).

EMES 네트워크는 사회적 기업이 기업적인 전략으로 조직되지만 주요 목적이 이윤 극대화가 아닌 경제, 사회 목표의 달성이며, 사회적 소외와 실업에 혁신적인 해결책을 제시할 수 있는 역량을 가진 공익을 위한 민간활동이라고 정의하고 있다(OECD, 1999: 5).

또한 EMES 네트워크는 사회적 기업 정의를 4가지의 경제적 기준과 5가지 사회적 기준으로 소개하고 있다.[4] 경제적 기준의 4가지는 재화와 서비스의 지속적인 생산과 판매, 고도의 자치성, 경제적 위험의 존재, 최소한의 유급노동을 말한다. 사회적 기준의 5가지는 지역사회에 공헌한다는 목적, 시민집단이 설립하는 조직, 자본소유에 의하지 않는 의사결정, 이해관계자들의 참여, 제한적인 이윤분배이다.

그리고 OECD 역시 사회적 기업이란 기업가정신으로 조직되며 사회적 경제적 목적을 모두 추구하는 단체로 보고 있으며, 나라마다 그 법적 형태는 다르다고 언급하고 있다(1999: 2).

영국의 통상산업부는 사회적 기업이란 사회적인 목적을 우선적으로 추구하는 기업으로서, 주주와 소유주를 위한 극대화를 추구하기보다는 창출된 수익을 사회적 목적달성을 위해 주로 기업 자체나 지역사회에 재투자하는 기업으로 정의하고 있다(UK DTIc: 10).[5]

드푸르니(Jacques Defourny)는 협동조합과 비영리 조직의 교차영역을 사회적 기업으로 보고 있다(2001: 21-24). 협동조합은 구성원과

---

4) 자세한 내용은 Jacques Defourny, 2001: 16-18. 참조.
5) UK DTI는 United Kingdom Department of Trade and Industry의 약자로서 영국의 통상산업부를 말한다.

지역사회 전체 이익이 주된 관심사이고, 비영리 조직은 영리를 추구하되 영리가 기업의 제1목표가 아니라는 것을 의미한다.

미국의 로버츠기업개발재단(REDF: Roberts Enterprise Development Fund)은 저소득자에게 경제적인 기회를 제공하기 위해 모험적인 사업으로써 수입을 창출하는 것이 사회적 기업이라고 정의하고 있다(Sutia Kim Alter, 2004: 4).

또한 사회적 기업 컨설팅업체인 버추벤처스(Virtue Ventures LLC)는 사회적 기업을 사회적 목적과 사회가치를 발생시키기 위해 만들어진 모험적인 사업으로 보고 있다. 여기서 사회적 목적이란 시장실패나 사회문제를 감소시키거나 완화시키는 것이고, 사회가치는 민간부문의 사업에서 재정적인 훈련, 변혁, 결정 등을 통하여 생성된다고 보고 있다(Sutia Kim Alter, 2004: 5).

최근에는 사회적 기업을 제4섹터로 구분하여 정의하려는 시도도 있다. 즉, 제4섹터는 민간기업(제2섹터)처럼 시장에서 경쟁하여 영리를 추구하되, 정부(제1섹터)나 시민사회(제3섹터)처럼 수익을 공익에 사용하는 새로운 유형기업과 이를 지원하는 조직이라는 것이다(유병선, 2008: 244).[6]

무함마드 유누스(Muhammad Yunus)도 사회적 기업이 특정한 개인의 이익 달성이 아니라 명확한 사회적 목표를 추구하기 위해 만들어진 것이라고 주장하고 있다(2008: 43).[7]

엄형식(2008)은 사회적 기업을 협의와 광의 개념으로 구분하고 있

---

[6] 대표적인 기관으로는 아스펜 연구소(Aspen Institute)와 제4섹터 네트워크가 있다.

[7] 무함마드 유누스 교수는 마이크로크레딧 사업의 효시인 방글라데시 그라민은행 창립자로서, 2006년 노벨 상평화상을 수상자이다.

다. 협의개념에서는 사회적 기업이란 사회적 기업육성법에 의하여 인증받은 조직만을 의미한다. 광의 개념으로는 실업과 빈곤에 대처하고, 부족한 사회서비스 전달과 대안적인 지역개발을 위해 활동하는 비영리 민간 영역의 다양한 운동의 총칭이라고 언급하고 있다. 그리고 임혁백 외(2007)는 비이윤 추구적인 사회적 경제를 운영하는 기업을 사회적 기업으로 보고 있다.

우리나라의 사회적 기업육성법에서도 사회적 기업을 '취약계층에게 사회서비스 또는 일자리를 제공하거나 지역사회에 공헌함으로써 지역주민의 삶의 질을 높이는 등의 사회적 목적을 추구하면서 재화 및 서비스의 생산·판매 등 영업활동을 수행하는 기업으로서 인증받은 자'로 규정하고 있다(법 제2조 제1호).[8]

사회적 기업의 유형은 관점에 따라 다양한 유형으로 주장되고 있다. 유럽은 보통 사회적 기업의 유형을 3개의 범주로 구분하여 협동조합(cooperative enterprises), 상호공제조합(mutual societies), 민간단체(organizations)로 구분하고 있다(Defourny, 2001: 4−5; OECD, 1999). 그리고 목표에 따른 유형분류로는 노동통합형, 사회통합형, 혼합방식형이 있다(임혁백 외, 2007: 56−7; Defourny, 2001: 4−5).

또한 사회적 기업의 사명지향 정도에 따라 구분하기도 한다(Sutia Kim Alter, 2004: 16−18). 사명지향 정도(Mission Orientation)는 사회적 기업이 사명동기와 이윤동기 중 어느 부분에 중점을 두는가에 따라 '사명 중심형', '사명 관련형', '사명과 무관한 형'이 있다. 그리고 사업(영리적 수익활동)과 프로그램의 통합 정도에 의한 구분으로, '내재

---

8) 2010.6.8. 법 개정으로 취약계층에게 사회서비스 또는 일자리를 제공하는 경우뿐만 아니라 지역사회에 공헌하는 경우도 사회적 기업에 포함되도록 변경되었다.

형', '통합형', '외재형'이 있다(Sutia Kim Alter, 2004: 19 – 24).

사회적 기업을 사회복지 모델과 연결시켜, 사회민주주의 모델(스웨덴), 조합주의 모델(독일), 자유주의 모델(영국), 제3부문 지배적 모델(이탈리아)로 분류한 예도 있다(장원봉, 2005).

국가별로는 영국의 경우, 사회적 기업 전문지원기관인 SEL(Social Enterprise London)에 의한 분류도 있다(노동부 a, 2007: 6). 스웨덴은 사회적 기업들을 집합적으로 'folkroelse(대중운동)'이라고 지칭한다(OECD, 1999: 30 – 31).

한국의 경우에도 몇 가지 유형이 있다. 첫째로, 사회적 기업을 연혁에 따라 전통적 사회적 기업과 새로운 사회적 기업으로 분류한 경우이다(엄형식, 2008: 123). 둘째로, 사회적 기업을 발생 원인이나 연계 형태별로 구별한 경우이다(노동부 a, 2007: 65 – 68). 셋째로, 사회적 기업의 성격 · 형태 · 포괄 대상에 따라 공공부조형, 지역사회친화형, 시장친화형으로 유형화한 사례도 있다(김경휘 · 반정호, 2006: 44 – 47). 넷째로, 현행 사회적 기업육성법에 의거하여 사회적 기업은 4유형 즉, '일자리 제공형', '사회서비스 제공형', '지역사회 공헌형', '혼합형'이 시행되고 있다(노동부, 2008: 4).

이 같은 사회적 기업을 사회복지 분야에서 고찰해야 하는 이유는 이론적인 고찰과 실천적인 고찰 2부분으로 나누어 볼 수 있다. 이론적인 고찰이란 사회복지 개념 및 목적과 사회적 기업이 추구하는 목적과의 상호관계를 고찰하는 것이다. 그 이유는 사회적 기업에서 추구하는 목적이 사회복지 개념 및 목적과 유사하거나 일치한다면 사회복지 분야에서 사회적 기업을 연구해야 할 당위성이 있기 때문이다. 결론적으로 사회적 기업에서 추구하는 목적이 사회복지 개념 및 목적과 연관이 있다는 점이 밝혀졌다.

실천적인 고찰은 사회복지 분야가 사회적 기업에서 실무적으로 활용되고 있는가를 검토하는 것이다. 이는 2가지 측면에서 살펴보기로 한다. 첫째는 사회복지 분야 관련자가 사회적 기업과 관련이 있는가 하는 문제이고, 둘째는 국가별로 현재 사회적 기업이 사회복지의 어느 분야에서 활동하고 있는가를 살펴보는 것이다. 그 결과 사회적 기업가에는 사회복지학 출신과 사회복지 경력자가 우위를 점하고 있어, 사회복지에서도 사회적 기업의 방향과 수준을 연구할 필요성이 존재한다고 판단되었다. 또한 사회적 기업이 사회복지 분야에서 활동하고 있는 것으로 나타나고 있다.

제3장

사회적 기업의 정책과 사례

제1절 국가별 사회적 기업의 정책

1. 대상 국가의 선정과 4대 국가별 비교

사회적 기업 정책에 관하여 연구할 대상 국가는 영국, 이탈리아, 프랑스, 미국 등 4개국 중심으로 고찰하고자 한다. 그 이유는 각국의 사회적 기업의 유형이 달라 사회적 기업 정책도 상이하기 때문이다. 우선 사회적 기업의 발전 모델은 크게 유럽형과 미국형 모델로 분류되고, 국가마다 사회적 기업으로 간주되는 조직의 종류와 활동의 사회·경제적 거버넌스 구조는 서로 다르게 나타나고 있다(홍석빈, 2009: 42-43).

사회적 기업 정책에 대한 특징을 2가지로 구별하면, 대륙권 유럽국가들은 사회적 기업의 공공성과 국가적 개입을 강조하는 반면, 영미국가들은 개인주의적 전통에 의해 정부의 직접적 지원보다는 사회적 기업 자체의 자율성 및 독립성을 강조하는 성향이 강하다는 점이다(조영복, 2007: 49). 구체적인 설명은 다음과 같다.

첫째, 유럽형 모델은 법제도적 지원을 통해 취약계층 일자리 창출과 사회복지서비스 제공 등 사회적 혜택 확대에 초점을 두고, 지역사회 연계 중심의 비즈니스 형태로 발전해 온 점이 특징이다. 이러한 유럽형 모델은 세부적으로는 영국식과 이탈리아식으로 나눌 수 있다.

우선 영국식은 복지민영화 방식으로, 정부의 개입은 최소화하되 사회적 기업이 영리기업활동을 통해 취약계층지원과 사회복지서비스를 제공토록 하고 있다. 특히 영국정부의 사회적 기업에 대한 법적·제도적 지원은 체계적이며 포괄적이다. 이러한 영국식 모델 범주에 속하는 나라로는 프랑스, 독일, 벨기에, 룩셈부르크, 네덜란드, 아일랜드 등이 있다.

반면 이탈리아의 사회적 기업은 전통적인 협동조합 형태로서 구성원의 이익을 보다 우선적으로 중요시하며, 취약계층 고용창출과 사회복지서비스를 제공하는 형태로 성장해 왔다(홍석빈, 2009: 44-46). 특이한 사항은 이탈리아의 경우 유럽국가 중에서도 가장 활발하고 다양한 형태의 사회적 기업이 활동하고 있다는 점이다(OECD 대표부, 2006: 10). 이러한 이탈리아식 모델 범주에 속하는 나라로는 스웨덴, 핀란드, 스페인, 덴마크, 포르투갈 등이다(홍석빈, 2009: 46).

둘째, 유럽과는 달리 미국형 모델은 사회적 기업에 대해서 정부 차원의 명문화된 제도적 지원이 없다. 그러므로 사회적 취약계층을 지원한다는 공익적인 사명으로 영리적인 비즈니스를 하는 기업들은 모두 사회적 기업으로 분류되고 있다.

원래 미국의 사회적 기업은 비영리조직의 별도 영리사업법인 형태로 발전하였으나, 1990년대부터 영리와 비영리 간의 구별이 모호해지고, 결과적으로 사회적 가치 실현과 경제적 이익을 동시에 달성하려는 벤처기업들까지도 사회적 기업의 범주에 포함되고 있다. 또한 미국의 활발한 기부문화와 자원봉사는 사회적 기업활동에 좋은 조건으로 작용하고 있다. 기부와 관련하여 사회적 기업도 민간재단으로부터의 기부를 투자유치(벤처자선, Venture Philanthropy)로 인식하고 있을뿐만 아니라 이러한 투자유치가 미국 사회적 기업 활성화에 큰 기여를 하고 있는 것이다.

그리고 미국은 전 세계적으로 자원봉사활동이 가장 활발하여, 2003년 존스 홉킨스대시민사회연구소 조사에 의하면, 전체 경제활동인구의 9.8%(유급상근인력 860만 명 규모)가 사회적 기업에 자발적 노동력을 직간접적으로 제공하고 있다(홍석빈, 2009: 44). 또한 사회적 기업의 태동은 근대 유럽에서였지만, 오늘날과 같은 형태의 사회적 기업은 미국의 성장과 더불어 발전해 온 점도 주목할 부분이다(홍석빈, 2009: 42).

셋째, 영국식 모델 범주에 속하는 프랑스는 '근접(지역밀착) 서비스'를 발전시키는 사회적 기업으로 유명하다. 집단적 보육과 가정기반 보육 등의 보육, 가정도우미 등 제도는 사회복지 분야와 밀접한 분야이다(Laville, 2001: 102-104).

따라서 유럽형(영국식과 이탈리아식)과 미국형 모델 중에서 영국, 이탈리아, 프랑스, 미국 등 4개국 중심으로 고찰하고자 하는 이유는 다음과 같다. 첫째로 국가별로 사회적 기업과 관련하여 고유한 특징이 있다는 점이다. 영국의 경우는 정부의 사회적 기업에 대한 법적·제도적 지원이 체계적이며 포괄적이라는 점, 이탈리아의 경우는 유럽

국가 중에서도 가장 활발하고 다양한 형태의 사회적 기업이 활동하고 있다는 점, 미국의 경우는 사회적 기업이 활발한 기부문화와 자원봉사로부터 도움을 받는다는 점과 오늘날과 같은 형태의 사회적 기업은 미국의 성장과 더불어 발전해 온 점, 프랑스의 경우는 사회복지 분야와 밀접한 근접 서비스를 시행한다는 점이다.

둘째로 4개국의 사회적 기업 숫자나 고용규모가 크다는 점이다. 영국은 2006년 기준 약 55,000개이고, 이탈리아는 2007년 기준 약 11,000개, 프랑스는 2007년 기준 약 8,400개이다<표 3-1> 참조.

〈표 3-1〉 유럽 각국 사회적 기업의 현황

구분	영국('06)	이탈리아('04)	프랑스('07)	독일('97)
기업 수(개)	약 55,000	약 11,000('07)	약 8,400	약 4,000
고용 (15세 이상 인구)	5%	5.2%	7.0%	3.7%
총매출의 GDP 비중	2%	1.4%	-	-

◇ 설명: 기업 수는 당해 연도 추정치, 고용은 기준 연도 고용인구 수/경제활동인구 수, 총매출의 GDP 비중은 기준 연도 총 매출액/당해 년 각국 GDP액으로 계산.
◇ 이탈리아의 경우 2009년 18,600개, 고용은 40만 명으로 추정되나, 각국 비교를 위해 2004년을 기준으로 함 (자료: Loss, 2006: 33-35; http://ilemonde.com/news/articleView.html?idxno=387).
◇ 자료: 홍석빈, 2009: 46. 수정인용.

2. 외국 사회적 기업 관련 정책의 연혁

(1) 영국의 강력한 정부 차원의 지원정책

영국에서의 사회적 기업 등장배경은 2가지로 볼 수 있다. 첫째로는 17세기부터 시작된 자선 및 박애주의 운동의 전통이다. 이러한 전통은 현재에는 기업활동을 영위하는 소규모 공동체나 자원봉사조직으로 연결되고 있다. 둘째로는 19세기 초부터 시작된 사회운동과 캠페인이다. 이러한 연혁적인 특성 때문에 사회적 기업은 다른 유럽국가와는 달리, 단편적으로 성장한 임시적인 성격이 강한 복지 모델로 볼 수 있다(Aiken, 2006: 23－24).

19세기 초부터 시작된 사회운동과 캠페인을 연대별로 살펴보면, 첫째로 1844년에는 소비자 협동조합 운동의 시발점인 로치데일 선구자(Rochdale Pioneers)는 첫 번째 상점을 열고 지역 주민들에게 양질의 식품을 저렴한 가격에 제공하였다. 그 이유는 근로자들이 부당한 가격을 좌지우지하던 당시 공장주들과 점포 소유주들에 맞서기 위함이었다. 둘째로 1960년대에 웨스트웨이 신탁(Westway Trust)은 노동자 계층 지역사회의 중심을 관통하는 고속도로에 대한 항의로 시작되었다. 또한 1970년대 스코틀랜드 지역사회 기업 운동은 농촌 및 도시환경에서의 기회 부족에 대응하여 일어났다. 따라서 1970년대부터 일부 노동자협동조합, 신용조합, 지역사회 상점(community shop), 개발신탁, 지역사회 비즈니스 운동, 노동 통합(workintegration) 사회적 기업 운동 등 새로운 '사회적 경제' 운동이 시작되었다(Aiken, 2006: 23－24).

이와 같은 사회적 경제 운동의 목적은 불우한 처지에 처한 사람들에게 자력 구제 안전망을 제공하기 위한 것이었다. 셋째로 최근에는 지역의 사회적 기업들이 이웃의 경제적 번영을 향상시킨다는 특정 목적을 가지고 빈곤계층 및 취약계층을 중심으로 운영하는 추세를 보이고 있다. 자원봉사 영역도 보다 혁신적이면서 기업가적으로 변화해 가고 있으며, 자원봉사조직들이 공공서비스 전달에 있어서 중요한 역할을 하고 있다.

사회적 기업에 대한 영국정부의 현 정책 기조는 1997년 중도좌파 노동당 정부로부터 시작된다고 볼 수 있다. 유럽에서 사회적 기업이 가장 발달한 영국은 사회적 기업 담당 행정기구와 법률을 토대로 전략적 육성계획을 수립 · 시행하고 있다. 그리고 사회적 기업 정책의 특징은 제3섹터청을 중심으로 사회적 기업 육성을 위한 조직체계가 잘 정비되어 있을 뿐만 아니라, 지역공동체 이익회사법(CIC)[9]이 제정되어 쉽게 사회적 기업의 설립과 운영 모델을 창출할 수 있다는 점을 들 수 있다(노동부, 2008: 10−11).

영국에서 사회적 기업 정책을 이해하기 위해서는 먼저 2005년 7월 제정된 지역공동체 이익회사법(CIC)의 제정배경과 의의, 특징, 내용을 이해하는 것이 중요하다.

제정배경을 살펴보면, 우선 영국에서는 2004년까지 사회적 기업을 규율하는 특별한 규정이 없었을 뿐만 아니라 사회적 협동조합 또는 자선단체 등에 적용되는 법도 없었다(OECD 대표부, 2006: 16). 그럼에도 불구하고 노동당정부는 사회적 기업을 지역사회발전을 위한 주요 파트너로 결정하고 체계적인 지원과 육성을 위한 전략을 실천하려 했으나, 적절한 법적 지위가 없는 사회적 기업의 활동이 있음을 파악하고 지역공동체 이익회사법이 필요함을 인식하게 된 것이다.

따라서 이 법은 사회적 기업 활성화 정책의 일환으로 추진된 제도로서, 노동당 정부의 종합적인 전략으로 설계되었다는 데 그 의의가 있다. 그리고 이 법의 특징은 지역사회를 기반으로 지역사회 발전이나 사회서비스 전달에 참여하는 비영리적 조직에 상법상의 지위를

---

9) 지역공동체 이익회사법(CIC)은 Community Interest Company의 약자로, 공동체 이익회사법(OECD 대표부), 공동체 이익기업법, 공동체 기업법(사회투자지원재단) 등으로 번역되어 사용되고 있다.

부여한 점이다(엄형식, 2008: 111). 법 내용은 일정 한도의 수익배분 원칙, 공공기관에 의한 감독, 각종 보고의무, 수혜자에 의한 평가 등이다(OECD 대표부, 2006: 16).

이 같은 지역공동체 이익회사법(CIC) 내용을 간략히 설명하면 다음과 같다(사회투자지원재단b, 2009: 11). 첫째로 지역공동체 이익회사는 사회적 기업을 위해 특별히 고안된 형태로서, 2005년 7월부터 영국의 사회적 기업은 지역공동체 이익회사라는 별도의 법적 신분을 택할 수 있다. 둘째로 지역공동체 이익회사는 사적인 자산·영업 양도로부터 기업을 보호하고, 회사의 이윤과 자산을 공동체의 이익을 위해 사용한다. 셋째로 일부 제한 조건에도 불구하고 주식을 발행해 투자를 유치할 수 있다. 넷째로 자선단체와 같은 세금감면 혜택을 받을 수 없는 대신, 의무가 많은 자선기관과 달리 많은 의무에서 자유로워진다. 다섯째로 지역공동체 이익회사에 대한 법적인 제한이 완화되고 규제가 상대적으로 적으므로, 사외이사의 구성이나 민주적 지배 형태의 실행 여부가 자유로워 자선단체보다 더 유연한 관리 방식을 취할 수 있다. 여섯째로 투자자와의 계약 정도에 따라 매년 보고서를 제출해야 한다. 결론적으로 지역공동체 이익회사법의 도입 취지는, 가장 필요한 곳에 새로운 서비스를 제공하고, 기업가 정신과 사회적 목적을 결합하는 것이다.

사회적 기업 담당부서는 원래 환경·교통·지역부(Department of Environment, Transport and the Regions. DETR)와 통상산업부(Department of Trade and Industry. DTI)였으나(노동부, 2007), 2001년 환경·교통·지역부는 교통지방정부부(部)로 변경되고, 2006년부터는 관련 부서를 통합하여 내각사무처(Cabinet Office) 제3섹터청(Office of the Third

Sector, OTS)에서 총괄하고 있다(장지원, 2007).

그리고 다양한 단체들이 사회적 기업을 지원하고 있다. 자금지원의 경우, 피닉스 펀드, Co-operative Action, Charity Bank 등이 사회적 기업, 영세기업, 지역개발단체 등에 자금을 지원하고 있다. 이 외에도 Social Firms UK, Community Action Network, Social Enterprise London, 개발신탁협회(Development Trusts Association) 등이 사회적 기업을 측면에서 지원하고 있다(OECD 대표부, 2006: 16).

현재 영국의 사회적 기업정책은 크게 4가지로서, 문화육성 정책, 사회적 기업가에게 올바른 정보와 조언을 제공하는 정책, 자금조달 지원정책, 사회적 기업과 정부 간의 협력 지원정책이 있다. 먼저 정책의 내용을 순서대로 설명하고, 이어서 정책과 관련한 기업의 예를 언급하기로 한다.

첫째, 사회적 기업의 문화육성 정책이다(UK DTI c 2007: 28-37). 이 정책의 목적은 많은 국민에게 사회적 기업을 홍보하여 상업적인 성공과 사회적 또는 환경적 이익을 동시에 달성할 수 있음을 보여 주려는 것이다.

이를 위한 방법으로는 4가지로서, 증거수집, 인식제고, 교육을 통한 인식제고, 다른 기업 사이에서 사회적 기업에 대한 인식제고가 있다. 이들의 개념을 세부적으로 설명하면 먼저 증거수집은 기업의 현황과 규모파악, 품질 및 영향력 평가 등을 조사하는 것이고, 인식제고는 신규 사회적 기업자를 유치하는 방법이다. 그 이유는 사람들은 자신과 비슷하면서 성공적으로 사회적 기업을 운영하는 사람들로부터 큰 영감을 받기 때문이다. 또한 교육을 통한 인식제고는 학교에서 젊은이에게 기업교육을 하는 것이고, 다른 기업 사이에서 사회적 기업에 대한 인식제고는 일반기업과 사회적 기업의 상업적 협력을 의미한다.

먼저 증거수집을 위한 정책의 실제 예는 사회적 기업인 '사회적 기업 파트너십'이 사회적 기업의 품질 및 영향력 평가도구인 'Proving and improving(a quality and impact toolkit for social enterprise)'을 제작할 때 통상산업부와 평등 프로그램이 지원한 경우가 있다. 다음으로 인식제고의 경우로는 '엔터프라이즈 인사이트(Enterprise insight)'가 14~30세의 청년층을 사회적 기업으로 유도하기 위한 캠페인을 펼친 예를 들 수 있다.

그리고 교육을 통한 인식제고의 예로는 학교에서 시행하는 기업교육(Enterprise Education)이 있으며, 기업교육을 통하여 기업의 재정능력 개선과 기업능력을 향상시키는 것이다. 기업능력은 혁신, 창의성, 위험관리와 위험감수, 추진력을 의미한다. 또 다른 예로는 '졸업생 기업가교육 국가위원회(National Council for Graduate Entrepreneurship: NCGE)'도 있다. 이 사회적 기업은 고등교육에서 기업가 정신의 위상을 높이고, 창업을 위해 활동하는 학생과 졸업생의 수를 늘리기 위해 2004년 설립되었다.

마지막으로 다른 기업 사이에서 사회적 기업에 대한 인식제고를 위한 정책의 실제 예는 '그린웍스'이다. 그린웍스는 대기업과 정부 부처에서 충족하고 남거나 필요 없는 사무용 가구를 수거해 합리적인 가격으로 학교, 자선단체, 지역사회 그룹, 신생 기업 등에 제공하는 사회적 기업이다.

둘째, 사회적 기업가에게 올바른 정보와 조언을 제공하는 정책이다(UK DTI c 2007: 38-41). 분야는 기술적 조언이나 경영지원으로서,

자금조달, 마케팅, 조직관리, 맞춤식 교육 등이다. 이를 위해 정부는 지역개발기구가 관리하는 중소기업들을 위한 정부자문 서비스인 '비즈니스 링크(Business Link)'를 제공하고 있다.

비즈니스 링크는 개별기업에 필요한 정보 제공, 개별기업이 필요로 하는 사항을 진단, 전문적인 도움을 제공하는 가장 적절한 공급자로부터의 지원을 중개한다.

이 정책의 사회적 기업 예로는 '사회적 기업 이스트미드랜드'를 들 수 있다. 사회적 기업 이스트미드랜드(Social Enterprise East Midlands, SEEM)는 이스트미드랜드 개발기구(East Midlands Development Agency, emda)와 지역 비즈니스 링크 운영자들과 제휴하여 이스트미드랜드 전역에 전문적인 정보, 진단, 중개서비스를 시범 실시했다.

셋째, 자금조달 지원정책이 있다. 자금조달 방법은 타인자본 조달과 자기자본 조달방법으로 나누어 볼 수 있다. 타인자본 조달에서는 안정된 사회적 기업은 은행이나 재단 또는 지역개발금융기관(community development finance institution, CDFI)이 제공하는 다양한 외부자금 조달수단을 사용할 수 있다. 자기자본 조달의 경우에는 소유권 지분이 없는 방식으로 민간투자나 신규투자를 유도할 수 있다. 이는 민간이 CDFI를 통해 투자 시 정부가 세금감면 혜택을 제공하는 것이다.

자금조달 지원정책의 예로는 먼저 정부가 피닉스 기금을 통해 대부분 사회적 기업인 지역개발금융기관의 설립과 발전을 지원함으로써, 이 단체들이 빈곤 지역의 기업 및 사회적 기업들에 대한 자금 공급을 늘릴 수 있게 된 점을 들 수 있다. 다음으로는 '셋스퀘어드 파트너십(SETsquared Partnership)'이라는 단체를 들 수 있는데 이 단체는

2002년에 설립되어 200개 이상의 벤처기업을 지원하였다(UK DTI c 2007: 42-48).

넷째, 사회적 기업과 정부 간의 협력 지원정책이다. 영국정부는 이 정책을 2가지 차원으로 전개하고 있다. 하나는 정부와의 계약에서 사회적 기업에 방해가 되는 요인을 제거하는 것이고, 또 하나는 공공정책의 여러 분야에서 정부와 사회적 기업 간의 제휴를 유도하는 것이다.

전자의 예로는 사회적 기업들이 공공부문 계약을 수주하도록 돕는 프로그램 등 툴킷(toolkit) 제공, 정부조달기관의 공급자 다변화에 대응 할 수 있는 사회적 기업 측의 구매자 훈련, EU가 재정 지원하고 사회적 기업이 실시하는 프로젝트 등이 있다.

후자의 예로는 2012 런던 올림픽과 장애인 올림픽에서 사회적 기업들이 올림픽 파트너들과 협력관계를 유지하는 것이다. 즉, 올림픽을 활용해 사회적 기업을 통해 실업자를 고용하는 방법이다. 이는 올림픽 경기에 있어서 경제, 사회, 보건 및 환경적 혜택을 극대화하기 위해서는 사회적 기업의 역할을 인정하는 것이다(UK DTI c 2007: 49-61).

협력 지원정책에서 정부와의 계약에서 사회적 기업에 방해가 되는 요인을 제거하는 예로는 포털사이트인 '서플라이2(Supply2.gov.uk)'가 있다. 서플라이2에는 정부기관의 10만 파운드 이하의 모든 계약이 공시되므로, 사회적 기업을 포함한 모든 형태의 기업들이 중앙 및 지방 정부와의 계약에 대한 정보를 얻을 수 있다.

그리고 정부와 사회적 기업 간의 제휴를 유도하는 예로는 먼저 사회적 기업인 '해크니지역 교통'을 들 수 있다. 1982년 설립된 해크니

지역 교통(Hackney Community Transport: HCT)은 런던교통공사와의 계약에 따라 일반버스 운행, 학습장애를 가진 특수 교육이 필요한 사람들이나 보육서비스가 필요한 사람들을 위해 여러 런던 자치구에서 운영되는 교통 서비스, 그리고 리즈 장애인 이용버스 서비스(Leeds Access Bus Service)를 제공하고 있다.

그리고 '리사이클링 언리미티드(Recycling Unlimited)'도 있다. 이 기업은 다양한 배경을 가진 사람들에게 목공업, 목수일, 소매업, 정원 가꾸기 및 원예와 같은 직업 기술을 훈련하고 직업경험을 제공하고 있다(UK DTI c 2007: 49-61).

영국의 사회적 기업은 대부분 규모가 작고 복잡한 법체계하에 활동하므로, 영국 정부는 각종 규제, 세금, 행정집행구조가 사회적 기업의 발전과 성장을 가로막지 않도록 정책을 추진하려고 노력하고 있다. 영국에서 법적으로 규정이 가능한 사회적 기업의 조직형태는 <표 3-2>과 같다(사회투자지원재단b, 2009: 7-8).

〈표 3-2〉 영국 사회적 기업의 조직형태

◇ 자선단체(Charities)
◇ 비법인 단체(Unincorporated Organization)
◇ 신탁증서에 의해 운영되는 비법인 신탁(Unincorporated Trust, Governed by a Trust Deed)
◇ 합명회사(Partnership)
◇ 산업 공제조합(Industrial and Provident Society)
   -선의의 협동조합(Bona Fide Co-Operative): 조합원의 이익뿐 아니라 공공복리를 위해 존재하는 협동조합
   -공동체 이익을 위한 조합(Society for the Benefit of the Community)
◇ 회사(Company)
   -유한책임회사(Limited by Guarantee)
   -주식회사(Limited by Shares): 유한회사(Private Company)와 공기업(Public Company)을 포함
◇ 합자회사(Limited Company Partnership)

자료: 사회투자지원재단b, 2009: 7-8.

(2) 이탈리아의 협동조합 중심형 지원정책

사회적 기업 정책의 배경을 시기별로 살펴보면 다음과 같다. 이탈리아에서 현대적 비영리단체의 원조인 '자선과 자원활동 조직'은 18세기 말까지 사회사업, 건강, 노인 돌봄, 교육 등 모든 영역에서 사적인 자선활동을 하였다. 그러나 이후 비영리단체는 대다수가 공공의 사회보장과 재분배, 그리고 서비스 공급을 중점을 맞춘 정부정책으로 말미암아 공공기관으로 전환되었다. 또한 비영리단체들의 국민에 대한 옹호기능 수준이 제한되어, 그 결과 1970년 초에는 이 조직은 주로 회원들의 이익을 대변하는 성격으로 변화되었다.

그러나 1970년대에 복지지출이 빠르게 성장하면서 비영리단체들의 역할도 중요해졌고, 이 과정에서 새로운 형태의 사회적 기업들이 태동하였다. 이탈리아에서의 최초의 사회적 기업 등장은 1970년 말에 설립된 사회적 협동조합(social co-operative)으로 볼 수 있다(Borzaga, Carlo & Santuari, 2001: 168-172).

1980년대부터는 사회적 협동조합은 컨소시엄 형태로 발전되어 왔다. 이러한 컨소시엄 형태의 기능은 3가지이다. 첫째, 개별 협동조합에 지원 서비스를 제공하는 기능으로, 예를 들면, 트레이닝 서비스, 기술관리 서비스, 지식 및 정보전달 서비스를 들 수 있다. 둘째, 협동조합의 이익을 대변하는 기능을 수행한다. 즉, 사회적 협동조합의 설립과 확장과 관련하여 정책과 지침개발에 관여하는 것이다. 셋째, 경제정책 촉진기능이 있다. 부연하면 회원들의 생산적 활동을 장려할 수 있는 다양한 조치를 취한다는 것이다. 사회적 협동조합 컨소시엄 수는 1998년 이후 50%나 증가하여 2000년 기준으로 총 207개이고, 지역적으로는 북부지방이 52%(107개 조직), 남부(59개 컨소시엄, 전체의 28%) 중부(전체의 20%)이다(Loss, 2006: 33).

최근에는 사회적 협동조합은 사회정책, 노동시장정책 등 이탈리아 복지시스템의 일부로 기능하고 있어, 단순한 서비스 제공자가 아닌 정책 입안가로서의 활동이 증가될 것으로 예상하고 있다(Loss, 2006: 33). 또한 이탈리아 사회적 기업들은 유럽국가들 중에서도 가장 활발하고 다양한 형태로 활동하고 있다(OECD 대표부, 2006: 10).

그리고 사회적 기업 관련법과 정책의 현황은 다음과 같다. 2005년 이전에는 이탈리아에서 종전 비영리 조직을 규정한 관련법으로는 1991년 11월 제정된 사회적 협동조합을 규제하는 법(Law 381/91)과 1991년 8월에 제정된 사회봉사조직을 규정하는 법(Law 266)이 있었다(Loss, 2006: 31).[10] 사회적 기업이라는 용어는 이 사회적 협동조합법이 통과되면서 사용되기 시작한 것이다(OECD 대표부, 2006: 10).

이러한 사회적 협동조합법이 제정됨으로써, 정책적으로 사회적 협동조합의 활동형태는 A형과 B형으로 분류되었다. A형은 사회서비스 형태로서 사회보건 서비스 및 교육 서비스의 운영·관리 형태이고, B형은 취약계층에 대한 일자리 제공을 통한 노동통합 형태이다. B형은 법에 의해 종업원의 30% 이상은 취업취약계층으로 고용할 의무가 있으며, 대신 정부는 세제 혜택과 보조금을 제공한다. 법 제정 당시에는 B형이 20%였으나, 2004년 기준으로 33% 수준이다(Borzaga, Carlo & Santuari, 2001: 171-172; OECD 대표부, 2006: 11; Loss, 2006: 34).

---

10) 사회적 협동조합을 규제하는 법(Law381/91)은 1991년 11월 8일 제정된 법률 제381호이고, 사회봉사조직을 규정하는 법(Law 266)은 1991년 8월 11일 제정된 법률 제266호이다. 이 외에도 사회적 부양 협회를 규제하는 법으로 2000년 12월 7일 제정된 법률 제383호도 있다.

또한 사회적 협동조합법을 통하여 정부는 정책적으로 사회적 협동조합에 3가지 변화를 유도하였다. 하나는 사회적 협동조합이 시민의 사회적 통합과 지역사회 전체적인 편익을 위하여 활동하도록 한 것이다. 즉, 수혜자 대상을 회원은 물론이고, 회원이 아니더라도 모든 지역사회 또는 지역사회 소속의 소외집단으로 규정하였다.

또 하나는 사회적 협동조합의 회원을 다양한 이해관계자로 구성케한 점이다. 즉, 회원은 작업활동을 하는 근로자 및 관리감독자(금전이나 숙식제공 등 보상수혜자), 고령자, 장애인 등 협동조합의 서비스를 직접 제공받는 자(편익 수혜자), 무급 자원봉사자(전체 구성원의 50%를 넘지 못함), 자본제공자와 공공기관 등이다. 따라서 정책적인 관점에서 사회적 협동조합법의 제정취지는 사회적 통합과 지역사회 전체적인 편익 향상이라고 할 수 있다.

마지막으로 회원에게 이익배분을 부분적으로 허용하고 있으나, 전체 이익의 80% 이상을 배분할 수 없고, 주식당 이익배분율도 2%를 초과할 수 없게 하였다(Borzaga, Carlo & Santuari, 2001: 170 - 171; Loss, 2006: 33 - 35).

2006년 3월 24일에는 사회적 기업에 대한 새 이탈리아 법(2006년 3월 24일 법률 제155호)이 제정되었다. 이 법은 사회적 협동조합을 규제하는 법(Law 381)과 사회봉사조직을 규정하는 법(Law 266) 이후로, 이탈리아에서 처음으로 사회적 기업을 규정한 가장 중요한 법률이다. 정책적인 측면에서 볼 때 이 법은 2가지 큰 의미가 있다(사회투자지원재단b, 2009: 59 이하). 하나는 최초로 사회적 기업에 대하여 법적 정의를 규정한 점이다. 또한 사회적 기업은 오직 조직만이 가능하며, 개인회사는 인정하지 않는다는 규정을 명확히 한 점이다. 2가지 사항은 후술하기로 한다.

사회적 기업에 대한 새 이탈리아 법(Law 155/06)에 대한 규정을 사회적 기업의 정의, 운영원칙 순서로 살펴보기로 한다(사회투자지원재단b, 2009: 59-65). 그리고 한국법과의 관련 조항의 비교를 위해 새 이탈리아 법(이하 이탈리아법), 한국의 사회적 기업육성법(이하 한국법)으로 조문을 표시하기로 한다.

ⅰ) 첫째로 이 법은 사회적 기업의 정의를 "공동이해를 위해 공익적 재화와 서비스를 생산·교환하는 목적을 갖고, 경제·조직 위주의 활동을 안정적으로 수행하며, 동법 제2조~제4조의 의무사항을 만족시키는 민간조직은 사회적 기업으로 고려할 수 있다. 수정 민법 제5조의 조직을 포함한다(이탈리아법 제1조 제1항)"라고 규정하고 있다. 그리고 사회적 기업의 조건으로 "비회원에게 재화 및 서비스 전달을 직·간접적으로 제한하는 조직은 사회적 기업이 될 수 없다"고 규정하고 있다(이탈리아법 제1조 제2항).

따라서 사회적 기업의 3가지 특징은 '민간조직'일 것, '공익적 재화 및 서비스를 생산하는 기업가적 활동', '공동의 이해와 비영리목적을 위한 활동'이고, 사회적 기업은 3가지 특징을 모두 구비하여야 한다. 순서대로 설명한다.

첫 번째 특징인 '민간조직' 규정을 보면, 세부적으로는 조직과 민간의 의미를 해석하여야 한다.

먼저 사회적 기업이 조직이라는 개념은 개인 혼자 운영하는 회사는 사회적 기업으로 인정할 수 없다는 뜻이다. 한국도 개인은 사회적 기업으로 인증받을 수 없다(한국법 제8조 제1항 제1호). 따라서 이 법 시행 전에는 이탈리아에서 사회적 기업의 역할을 수행하고 있는 조직은 사회적 협동조합이었지만, 이 법 시행 이후에는 다른 조직형태(기업모델)도 사회적 기업으로 인정받을 수 있다는 취지이다.

다음으로 사회적 기업이 민간으로 구성되어야 한다는 의미는 공적 조직을 제외한다는 뜻이다. 그 이유는 사회적 기업의 조직이 공적인 형태가 아닌 사적 영역이기 때문이다. 따라서 사회적 기업의 조직은 반드시 회사, 협동조합, 협회, 재단법인 등으로 구성되어야 하며, 그 결과 사회적 기업의 법적 형태는 민법이나 다른 사법 체계의 적용을 받는다. 또한 사회적 기업의 조직은 사적 영역이므로 국가나 공공기관의 통제를 받지 않는다.

두 번째 특징인 '공익적 재화 및 서비스를 생산하는 기업가적 활동' 규정을 보면, 세부적으로는 기업가적 활동, 공익성 또는 사회적 효용성의 의미로 나누어 볼 수 있다.

먼저 기업가적 활동이란 사회적 기업이 단순히 공익적 재화와 서비스를 전달하기만 해서는 안 되고, 기업가적 방식을 따라 공익적 재화와 서비스를 전달해야 한다는 의미이다. 그러므로 기금으로 운용되는 재단, 은행재단처럼 단지 자산을 관리하고 수혜자에게 혜택을 주는 단체, 무료 복지서비스를 제공하거나 형식적으로만 비용을 청구하는 조직은 사회적 기업이 될 수 없다. 따라서 사회적 기업의 주요 업무는 기업활동으로 구성되어야 하고, 영업수입이 전체 수입의 70% 이상이어야 한다. 반면, 한국은 6개월 동안 영업 총수입이 총 노무비의 30% 이상을 요건으로 하고 있다(한국법 시행령 제10조).

다음으로 사회적 기업이 공익성 또는 사회적 효용성을 지향해야 한다는 규정이다. 사회적 효용성과 관련하여 이 법은 공익적 섹터 분야를 복지, 보건, 교육, 지도, 문화, 환경보호 등 분야로 보고,[11] 이 분야와 관련된 모든 재화와 서비스는 사회적 효용성이 있다고 간주하고 있다. 따라서 여기서 활동하는 사업조직도 사회적 기업으로 보고 있다(이탈리아법 제2조 제1항).

이탈리아의 공익적 섹터 분야는 한국의 사회서비스의 종류와 유사하다(한국법 제2조 제3호, 시행령 제3조). 공익성과 관련하여 이 법은 사회적 기업의 종업원의 30%는 취약계층이거나 장애인이어야 한다고 규정하고 있다(이탈리아법 제2조 제2항). 이와 관련하여 한국법은 사회적 기업의 주된 목적이 취약계층에게 일자리를 제공하는 것인 경우에는, 전체 근로자 중 취약계층의 고용비율이 50%(2011년 6월 30일까지는 30%) 이상 되도록 규정되어 있나(한국법 시행령 제9소 제1항 제1호).

세 번째 특징인 '공동의 이해와 비영리목적을 위한 활동' 규정에서는 유의할 사항이 있다. 공동의 이해와 비영리목적 모두를 충족하여야 한다는 의미이다.

먼저, 공동의 이해라 함은 공동의 이해를 위해 활동하면서 회원뿐 아니라 비회원에게까지 재화와 서비스를 제공하는 것을 의미한다. 이 규정의 근거는 앞에서 언급한 바와 같이 비회원에게 재화 및 서비스 전달을 직·간접적으로 제한하는 조직은 사회적 기업이 될 수 없다는 규정이다(이탈리아법 제1조 제2항). 따라서 체스클럽, 골프클럽 등은 비영리나 공동의 이해가 없기 때문에 사회적 기업이 아니다. 한국도 사회적 기업을 취약계층에게 사회서비스 또는 일자리를 제공하

---

11) 자세한 내용은 a) 복지 b) 보건 c) 복지-보건 d) 교육, 지도 및 전문적 훈련 e) 환경과 생태계 보호 f) 문화유산의 발전 g) 사회적 관광 h) 대학과 대학 이후의 교육 I) 문화서비스의 연구와 전달 j) 추가 교육과정 훈련 k) 사회적 기업 지원이다.

여 지역주민의 삶의 질을 높이는 등의 사회적 목적을 추구하는 조직으로 규정하고 있어(한국법 제2조 제1호), 새 이탈리아 법과 맥락이 같다.

다음으로 비영리 목적이라 함은 비영리성의 추구라는 의미로서, 이윤의 분배금지라는 의미이다. 그리고 새 이탈리아 법은 이윤 분배금지 형태를 2가지 형태 즉, 이윤이나 자산 분배금지, 간접적 이윤 분배금지로 정의하였다.

전자의 규정으로는 "사회적 기업은 수입을 핵심 사업이나 자산 증가에 투자해야 한다(이탈리아법 제3조 제1항)"와 "사회적 기업은 직접적이든 간접적이든 어떤 형태의 이윤이나 자산도 이사, 투자자, 회원, 종업원, 합자인에게 분배할 수 없다(이탈리아법 제3조 제2항)"는 규정이 있다.

후자의 규정으로는 동종업계가 지급하는 보수보다 사회적 기업의 이사진 임금이 20% 이상 많으면 간접적 이윤분배로 간주한다는 조항이다(이탈리아법 제3조 제3항). 그러나 새 이탈리아 법과는 달리 사회적 협동조합을 규제하는 법(Law 381)에서는 조합원들에게 제한적으로 이윤을 분배할 수 있다. 이와는 달리 한국에서는 상법상 회사만이 이윤의 2/3 이상을 사회적 목적을 위하여 사용하도록 규정하고 있다(한국법 제8조 제1항 제7호).

ii) 둘째로 5가지 운영원칙으로서, 관리의 정확성과 효율성, 투명성, 문호 개방, 참여, 노동자 보호 등의 일반원칙이 있다.

제1운영원칙인 관리의 정확성과 효율성 원칙에는 2개 조문, 즉, 사회적 기업의 내규(정관)는 회원의 명예를 지키고 전문성과 공평성을 위한 의무사항을 준수해야 한다는 것(이탈리아법 제8조 제3항)과 관리감독과 회계감사를 위해 1인 이상의 전문인력을 임명하도록 하는 강제조항(이탈리아법 제11조)이 있다.

그리고 제2운영원칙인 투명성 원칙에는 3개 조문이 있다. 우선, 첫 번째 조문에는 내규에 들어갈 기본사항을 예시하고, 내규는 서면으로 작성해 공증을 거쳐야 하며, 적립금은 공공장부에 기록하도록 의무화하고 있다(이탈리아법 제5조). 그러나 한국은 정관이나 첨부서류를 제출하여 사회적 기업으로 인증을 받는 절차를 거친다(한국법 제8, 9조).

두 번째 조문에는 단체 명칭에 '사회적 기업'이라는 표현을 사용하도록 규정하고 있으나(이탈리아법 제5조), 명칭 부당사용에 대한 제재규정이 없다. 반면 한국은 유사명칭의 사용금지 규정과 과태료 규정이 있다(한국법 제19, 23조).

마지막으로 세 번째 조문에는 매년 일반적인 재정 대차대조표 외에 사회적 목표의 달성 현황을 입증하는 '사회적 대차대조표'까지 작성해 공공장부에 기록하고 보관하는 규정이다(이탈리아법 제10조). 사회적 대차대조표는 조직 밖에서 사회적 기업운영에 관심을 갖고 있는 사람들에게 제공되는 의사소통 수단이라고 볼 수 있다.

또한 제3운영원칙인 문호개방원칙은 신규회원 가입에 차별을 두지 않고, 기존회원을 배제할 때는 공정성을 지키고, 가입신청이 받아들여지지 않은 지원자나 자격이 박탈된 회원에게는 총회를 통한 재심 청구의 기회를 보장하는 것이다. 따라서 누구에게나 사회적 기업의 회원으로 당연히 가입할 권리를 부여하지는 않고 있다(이탈리아법 제9조).

제4운영원칙인 참여원칙에는 2개 조문이 있다. 조직 내부의 선출

직을 뽑을 때에는 외부인이 과반수의 투표권을 행사하지 못하는 규정과(이탈리아법 제8조), 사회적 기업의 일상적 운영에 노동자와 고객의 참여를 명시하는 규정이다(이탈리아법 제12조).

세부적으로는 사회적 기업의 내규에 노동자와 고객의 참여형태를 포함하도록 규정하고(이탈리아법 제12조 제1항), 참여의 개념을 "업무조건이나 재화 및 서비스에 관한 의사결정상 노동자와 고객이 영향을 미칠 수 있는 정보, 상담, 참여, 기타 과정"으로 정의하고 있다(이탈리아법 제12조 제2항). 즉, 참여의 개념이 너무 광범위하고, 망라적이다.

마지막으로 제5운영원칙인 노동자 보호원칙은, 사회적 기업의 노동자에 대한 법적·경제적 대우가 이 조직에 적용 가능한 분야의 근로계약과 단체협약 조건보다 열악해서는 안 된다는 것이다(이탈리아법 제14조제1항). 한국 사회적 기업에는 없는 규정이다.

그러나 유의할 점은 이 법에는 사회적 기업에 대한 세금우대 규정이 없으므로, 세금우대 조치는 1997년 법률 제460호인 '비상업적 법적 기구와 공익적 비영리 조직에 관한 법률'에 의한다. 한국도 이탈리아와 동일하게 사회적 기업은 법인세법, 조세특례제한법 및 지방세법 규정에 따라 국세 및 지방세를 감면할 수 있다(한국법 제13조 제1항).

또한 이 법에는 민주주의적인 의사결정 규정이 없다. 민주주의적인 의사결정이란 조직의 회원들은 출자분에 상관없이 의사결정에서 1표만을 행사하는 것을 말한다. 민주주의적인 의사결정 규정이 없는 이유는 새 이탈리아 법이 사회적 기업의 법적 자격을 제한하지 않기 때문이다. 따라서 새 이탈리아 법은 협동조합(조합원이 종업원이든 생산자이든 소비자이든), 기업법인, 혹은 협회나 재단법인 같은 전통적 비영리회사 등을 사회적 기업으로 인정하고 있다. 반면, 한국은 서비스 수혜자, 근로자 등 이해관계자가 참여하는 의사결정구조를 명시하고 있다(한국법 제8조 제1항 제4호).

이 외에도 이탈리아에서 고용 촉진을 위해 만든 여러 법률은 취약계층과 일하는 조직에도 적용 가능하며, 비영리 조직과 사회적 기업에 관련된 전국적 · 지역적 법령은 <표 3-3>와 같다(사회투자지원재단b, 2009: 22-23).

〈표 3-3〉 이탈리아의 비영리 조직과 사회적 기업에 관련된 법

◇ 2000년 법률 제193호. 수감자의 노동 활동을 장려하기 위한 법령
◇ 1995년 지방법 제45호. 환경보호 분야의 일자리에 사면된 죄수 등의 고용문제를 처리
◇ 1999년 법률 제68호. 장애인의 일할 권리에 대한 법령
◇ 1974년 지방법 제67호. 실직상태의 청년, 일시 해고됐거나 실업수당을 받는 노동자 등이 신규 · 기존 협동조합에 가입하기 위한 자격기준을 정함
◇ 1997년 개정된 1993년 지방법 제28호. 새로운 사업계획과 고용을 장려하고 취약계층을 작업현장으로 통합하는 방안을 규정

자료: 사회투자지원재단b, 2009: 22-23. 수정인용.

그리고 이탈리아에서 적용 가능한 사회적 기업의 법적 형태는 <표 3~4>와 같다(사회투자지원재단b, 2009: 19-20).

〈표 3-4〉 이탈리아 사회적 기업의 조직형태

△ 연합체(Association)
△ 재단법인(Foundation)
△ 사회적 협동조합(Social Co-Operatives)
△ 자원봉사조직(Voluntary Organization)
△ ONLUS(Non-Profit Organisation of Social Utility: 사회공공서비스를 위한 비영리조직)가 되기 위해 노력하는 일반 협동조합이나 다른 조직 등.

자료: 사회투자지원재단b, 2009: 19-20. 수정인용.

(3) 미국의 비영리 부문 활동 지원정책

앞에서 국가(제1섹터)와 영리활동의 경제 분야(제2섹터)를 제외한 비영리영역이 제3섹터이며, 제3섹터는 사회적 경제와 비영리센터를 포함하는 개념임을 설명하였다. 사회적 경제는 유럽에서 사용하는 개념이고, 비영리센터는 미국에서 발달한 개념이다.

원래 미국은 미국정부 지원하에 비영리기관을 중심으로 일자리와 수익을 창출하는 사업들을 행해 왔으나, 1960년대 '빈곤과의 무조건적인 전쟁(unconditional war on poverty)'[12]이 끝난 후에는 정부가 비영리기관에 대한 지원을 축소하기 시작하였다. 가장 큰 수익의 원천이었던 정부의 지원금이 줄면서 비영리기관은 재정적 불확실성을 타개하기 위해 상업적인 수익창출 사업에 관심을 두었다. 즉, 시장지향적인 경제활동을 통해 조직이 추구하는 사회적 사명을 실현하려는 것이다. 이 시대에 있어서 비영리기관의 사회적 사명은 주로 빈곤층을 지원하는 것이었다(Defourny, 2006: 4−5; 김정원, 2009: 60−61).

미국의 사회적 기업형태의 기원은 1970년대에 소외된 지역을 되살리기 위해서 구상된 지역사회 개발로부터 시작되었다.[13] 이 지역사회 접근법은 점차 높은 관심을 받게 되었고 1995년에는 애니 E. 케이시와 록펠러 재단을 비롯한 여러 재단과 주택도시개발부가 협력하여

---

12) 빈곤과의 무조건적인 전쟁(unconditional war on poverty)은 1964년 존슨(Johnson) 대통령이 선포한 사회복지정책으로, 그 내용은 1965년 초등 및 중등교육법, 식품권 프로그램, 노인에 대한 의료보험(medicare)제도, 빈곤층에 대한 의료보호(medicaid)제도, 직업훈련 프로그램이었다. 그리고 이 시대의 빈곤치료의 주요전략은 치유적 전략으로서, 빈곤층의 자립과 자활을 도와주는 전략을 사용하였다(빈곤퇴치연구포럼, 2008: 186−188).

13) 지역사회 개발은 케네디 정부에서 시작되었다. 케네디 정부의 경제자문인 갈브레이스(J. K. Galbraith)는 빈곤을 사례빈곤(개인요인)과 지역빈곤(지역경제의 결핍)으로 구분하였고, 케네디 정부는 지역빈곤 타파를 위해 1961년 지역재개발법을, 사례빈곤 타파를 위해 1962년 인력개발훈련법을 시행하였다(빈곤퇴치연구포럼, 2008: 186).

사회적 자본에 큰 비중을 둔 지역사회 접근법에 대한 이해를 높이고 이를 확산하기 위한 프로젝트를 개발했다(OECD, 1999: 34).

1980년 이전에도 유럽이나 미국에서도 사회적 기업형태는 유지되고 있었으나, 사회적 기업이라는 용어는 1980년 카터정부의 환경보호국 부국장을 지닌 미국 빌 드레이튼(Bill Drayton)이 사회적 기업가들(Social Entrepreneurs)이란 네트워크에서 처음 사용하였다(엄형식, 2008: 105). 따라서 미국에서 사회적 기업의 개념은 보통 비영리 단체가 활동 자금을 조달하기 위해서 운영하는 사회적 목적을 가진 일반기업이고, 보통 비영리조직의 별도 영리사업법인 형태로 발전하였다. 따라서 사회적 목적 기업(Social Purpose Business), 공동체 재산 기업, 공동체 기반 사업(Community-Based Business)이란 명칭으로 사용되고 있다.

그러나 1990년대에는 사회적 기업이 영리와 비영리 간의 구별이 모호해지고, 그 결과 지역사회벤처(Community Wealth Venture)와 같은 기술이나 경영혁신을 통해 사회적 가치 실현과 경제적 이익을 동시에 달성하려는 벤처기업들까지도 사회적 기업의 범주에 포함되고 있다(홍석빈, 2009: 44).

사회적 기업 관련법과 정책의 현황은 다음과 같다. 미국은 사회적 기업을 활용하여 복지수혜자들로 하여금 의존성과 굴욕감으로부터 탈피하여 삶에 대한 책임성을 제고할 수 있도록 하는 정책을 전개하고 있다(OECD 대표부, 2006: 19). 반면, 유럽과는 달리 미국은 정부 차원의 사회적 기업 지원 법·제도가 거의 없다. 그 이유는 시장에 대한 국가개입이 낮은 수준이기 때문이다. 또한 유럽에 비해 사회적 기업의 유형 수가 많은 것도 법규에 의한 제약이나 지역연계의 부담이 없기 때문이다(홍석빈, 2009: 44; OECD 대표부, 2006: 19).

그러나 사회적 기업에 대한 다양한 지원제도가 있다. 첫째, 프로젝트를 통한 지원제도가 있다. 이는 사회적 기업이 프로젝트 제출을 통해 중앙·지방 차원의 정부지원을 활용하는 것이다. 둘째, 우선구매제도로서, 장애인기업이 사회적 기업인 경우 그 생산품에 대해서 우선 구매하는 제도이다(Javits — Wagner — O'Days법). 셋째, 취약계층을 고용한 기업에 대해서 세제 혜택도 있다. 예를 들어 9개의 목표집단(취업 취약계층)을 고용한 기업에 대해서 1인당 2,400달러까지 소득세를 공제해 주는 것이다.

넷째, 지역사회재투자법(Community Reinvestment Act)[14]을 통해 사회적 기업이 금융기관을 활용하는 방법도 있다. 다섯째, 사회적 기업 지원을 위하여 영국의 '사회적 기업가 학교'와 마찬가지로 대학 및 고등교육기관에서 관련 교육을 실시하고 있다. 즉, 1993년부터 하버드대학 MBA과정에 사회적 기업 교육이 설치된 후, 60개 이상의 대학 및 고등교육기관들이 비영리 경영교육 운동(Non — Profit Management Education Movement)과 사회적 기업 리더십운동(Social Enterprise Leadership Movement)을 시행하고 있다. 또한 사회적 기업 지원단체로서는 비영리재단인 로버츠재단(REDF)이 대표적이다(OECD 대표부, 2006: 19).

또한 2009년 4월에 오바마 정부는 백악관에 '사회혁신실(Office of Social Innovation)'을 설치하고, '미국봉사법'(Serve America Act)에 서명했

---

14) Community Reinvestment Act는 지역사회 재투자(CRA)를 이행하고 지역사회의 신용거래 필요에 부응할 수 있도록 해당 지역 은행들의 원조를 장려하기 위하여 1977년 제정된 법이다. 이 법령은 은행과 저축금융기관이 각 지역사회의 특정 인종이나 수입 정도에 따라서 대출을 제한하거나 상류층 지역주민에게만 대출제안 하는 것을 금지하며, 미개발지 주택융자와 상업융자를 지급하는 것을 장려하도록 하는 데 목적이 있다(http://en.wikipedia.org/wiki/Community_Reinvestment_Act#Legislative_changes_2008).

다. 백악관 사회혁신실의 임무는 미국 비영리 부문에서 혁신적 사회문제 해결 방법을 개발하는 '사회적 기업가 정신'을 독려하고 지원하는 일이다. '미국봉사법'은 전문지식을 갖춘 미국인이 교육·의료·환경 등의 영역에서 마음 놓고 봉사활동을 할 수 있도록 생계비를 지원하는 것이다.[15]

미국의 사회적 기업은 주로 비영리 부문(섹터)에서 활동하며, 비영리 부문의 단체들은 비법인 자발적 조직이나 법인 또는 트러스트로 조직된다. 트러스트는 재단과 유사하며 회원 개개인은 명시된 목적 달성을 위해 노력하고, 법인의 이사들에게는 제한된 책임만이 부여된다. 그리고 미국은 법으로 공익을 위한 민간비영리단체를 인정하며 그 인정방식은 주마다 다르다. 따라서 미국에서 사회적 기업 개념은 보통 비영리 단체가 활동 자금을 조달하기 위해서 운영하는 사회적 목적을 가진 일반기업(사회적 목적 기업, 공동체 기반 사업, 공동체 재산 기업)으로 이해된다고 앞에서 언급하였다(OECD, 1999: 33-34).

(4) 프랑스의 근접서비스 중심형 정책

프랑스에서 사회적 기업 형태는 보통 협동조합, 상호공제단체, 민간단체라고 보고 있다. 이러한 사회적 기업 형태는 1890년 이후에 다양한 법적 지위로 인해 서로 다른 형태로 발전하였다. 먼저 협동조합들은 시장경제의 일부분이 되어, 동일한 활동 분야에서 서로 경쟁을 시작하였다. 반면, 상호공제단체들은 건강보험을 관리하면서, 그 이후에 사회보장 제도가 대중에게 폭넓게 적용되었을 때 동등한 위험

---

15) 한겨레, 2009.04.29. http://www.hani.co.kr/arti/opinion/column/352484.html

에 대해 추가적인 보상을 제공하는 등 보다 적게 상업적인 활동에 집중하였다. 그리고 민간단체는 서비스 제공 분야에서 일하게 되었고, 제2차 세계대전 이후에는 복지국가로부터 지원을 받아 공공의무와 관련된 직무를 수행하였다(Laville, 2001: 100).

그러나 1970년대의 국가재정 지원감소로 '연합적 기업'에 대한 생각이 확대되어, 사회적 기업 형태들은 공공기관에 점차 덜 의존하게 되었다. 이후 1990년대에는 신사회운동[16]의 영향을 받아 실업자에게 일자리를 만들어 주는 대안경제운동이 시작되었고, 이는 '경제활동을 통한 노동통합', '연대적 경제'라는 개념으로 정립되었다(엄형식, 2008: 108-109).[17] 부연하면, 사회적 기업 형태들은 사회적 배제의 대처방안으로, 사회적 배제자에게 노동할 수 있는 권리를 보장해 주고, 이를 위한 일자리 창출이 지역사회에 기여를 할 수 있게 하자는 것이다. 따라서 사회적 배제의 대처방안을 위한 활동이 사회적 기업의 활성화로 진행된 것이다(김정원, 2009: 69-70). 그리고 이는 프랑스에서 사회적 기업의 시작이 노동통합이라는 점을 연혁적으로 설명하고 있다.

---

16) 신사회운동은 사회가 산업사회로부터 후기산업사회로 전이되면서 발생했다. 신사회운동은 산업사회의 가장 주도적인 가치라고 할 수 있는 자본과 노동의 모순해결보다는, 삶의 질과 자율성을 강조하고 있다. 신사회운동의 대표적인 예는 환경운동, 여성운동, 반전반핵평화운동, 생태운동, 시민권운동, 대안적 협동조합운동, 대안적 문화공동체운동, 소수민족운동, 동물권리보호운동 등이 있다. 학자는 하버마스(Habermas), 오페(Claus Offe) 등.

17) '연대적 경제'라는 용어는 1991년에 '대안적, 연대적 경제를 위한 네트워크(REAS)'가 발족하여 REAS의 기관지를 통해 처음으로 사용되었다. 연대적 경제는 1970년대 시작된 대안경제운동에 그 뿌리를 두고 있다. 초기 대안경제운동은 반문화 운동의 성격이 강했으며, 생태주의, 지역개발 등이 예이다. 1970년대 중반 이후 경제위기가 도래하고, 특히 청년들의 장기실업이 증가하게 되면서, 대안경제운동은 새로운 방식으로 노동을 조직하면서, 대안적인 일터를 만들어 내고 이를 통해 장기실업자들이 경제활동을 통해 사회에 통합될 수 있도록 하는 다양한 조직들을 만들었다. 이러한 활동들은 통칭 '경제활동을 통한 노동통합(insertion par l'activié économique, IAE)'이다. 1990년대 중반 이후, REAS를 중심으로 한 연대적 경제는 그 영역을 더욱 확장하여, 지역화폐, 지식교환망, 공정무역 및 실업운동과 연대하였다. 1998년에 리피에츠(Lipietz)는 전통적 사회적 경제와 연대적 경제를 포괄하는 새로운 개념으로서 '사회연대경제'를 제안하였다(엄형식, 2008).

사회적 기업 관련법과 정책의 현황은 다음과 같다. 프랑스에서는 1990년 후반에야 사회적 기업이라는 용어가 등장하였고, 사회적 기업법이 다른 국가처럼 별도로 존재하는 것은 아니므로 비영리단체, 협회 또는 협동조합, 영리기업의 관련법 형태를 취하고 있다(OECD 대표부. 2006: 13).

그리고 노동통합을 목적으로 시작된 사회적 기업은 1998년 제정된 '사회적 배제 예방과 극복을 위한 법(반소외법)'으로 활성화되었다(김정원, 2009: 71). 또한 2001년에는 공익협동조합법이 제정되었다. 이 법은 노동통합기업 등 민간단체의 지위를 가진 사회적 기업들에 새로운 법적 지위가 필요한가에 대한 토론의 결과 제정된 것으로서, 협동조합 일반법 내에 공익협동조합을 법조문으로 추가하였다. 현재 경향은 공익협동조합 자체가 새로운 종류의 사회적 기업 흐름으로서 등장하고 있다(엄형식, 2008: 110−111).

따라서 사회적 기업은 크게 두 가지 유형으로 분류할 수 있다. 하나는, 취업취약계층에게 일자리를 제공하여 노동시장에 진입할 기회를 제공하는 등 노동시장 통합을 도와주는 '노동통합기업'이다. 또 하나는, 근접 서비스 또는 지역밀착서비스(proximity services)라고 부르는 사회적 서비스를 제공하는 '사회적 서비스 기업'이다(Laville, 2001: 100−101).

또한 프랑스에서는 사회적 기업과 관련한 정부 및 사회 차원의 조직은 복잡하며, 체계적이다. 먼저, 정부조직으로는 관장부서로는 고용사회연대주택부와 보건사회복지부가 있고, 집행은 국립고용안정센터(ANPE), 지역노동고용직업훈련국(DDTEFP), 지역보건사회국(DDASS) 등이 담당하고 있다. 그리고 사회적 기업과 관련된 지원을 위해 노사

정과 이해관계자가 참여하는 자활지원중앙협의회(CNIAE)와 지역단위 협의회인 CDIAE가 있다(OECD 대표부. 2006: 13).

프랑스 사회적 기업의 대부분은 종업원 500명 이하의 중소기업이고, 창업 당시 중소기업의 대부분은 법적 형태로 개인기업 또는 유한책임회사(SARL)를 취하며, 드물게는 공공유한회사(SA)도 존재한다(사회투자지원재단b, 2009: 33). 또한 사회적 기업의 구체적 유형으로 6개의 유형이 존재하며, 노동법전(Labor Code)에서 인정하고 있다. 6개의 유형은 CAVA(경제활동 적응센터), EI(노동통합 기업), AI(인력파견협회), RQ(지역사회 기업), ETTI(임시직 파견기업), GEIQ(사회통합과 훈련을 위한 사용자연합) 등이다(OECD 대표부. 2006: 13-15). 자세한 내용은 <표 3-5> 참조.

〈표 3-5〉 프랑스 사회적 기업의 6유형

기업 유형	사회적 기업의 개념, 내용, 지원 등
1. CAVA(경제활동 적응센터)	· 사회취약계층(socially disabled)을 고용해 한시적 일자리 제공 · 흔히 사회재통합 센터 또는 보호소(sheltering) 형태로 운영
2. EI (노동통합기업)	· CAVA보다는 보다 시장지향적인 사회적 기업 형태 · 운영 형태는 아직 협회가 많으나 점차 회사 형태의 비중이 많아지고 있음
3. AI (인력파견협회)	· 장기실업자, 50세 이상 고령실업자 등 취약계층을 파견하여 일자리 제공
4. RQ (지역사회기업)	· 특정지역에 거주하는 지역주민들에 의해 운영되는 사회적 기업으로서 참가자는 그 지역에 거주하는 취약계층이어야 함 · 지방정부 또는 관련 업체와의 계약에 의해 청소, 가로 정비, 공공기물 수리 및 정비, 정원관리 등 서비스를 행함(수익의 80%, 20%는 정부 지원)
5. ETTI (임시직파견기업)	· 취약계층을 기업에 파견하여 2년 이내의 한시적인 일자리와 함께 훈련을 받을 수 있도록 함 · 주로 26세 이하의 청년층, 장기실직자, 최저생활보호자, 공공부조 수혜자 등임

기업 유형	사회적 기업의 개념, 내용, 지원 등
6. GEIQ (사회통합과 훈련을 위한 사용자 연합)	·100인 미만 기업을 회원으로 하여 취약계층고용에 관심 두고 활동하는 사용자 연합단체임 ·취약계층근로자를 회원기업에서 훈련시키고 실제 기업에서 근로를 하게 함으로써 노동시장에 통합시키는 역할을 함

자료: OECD 대표부. 2006: 13 - 15.

사회적 기업에 대한 지원은 첫째, 국가와 노동통합기업과의 협정을 체결하여 보조금 제공이 가능하나, 계약기간은 24개월을 넘지 못하며 이 기간 중 2회까지 갱신이 가능하다. 둘째, 민법상 법인과 협정 체결 시 최저임금의 전부 또는 일부에 대해, 사회보험 및 가족수당에 대한 보험료를 면제한다. 셋째, '경제적 활동을 통한 사회통합' 재정 지원을 위한 지역기금을 조성한다(OECD 대표부. 2006: 15).

지금까지 언급한 4개국 외에도 국가별로 사회적 기업에 대한 정책이 다르다. 먼저, 스페인에서는 사회적 기업의 법적 형태가 다양하고, 많은 조직이 목적과 적절한 법체계하에서 강력한 협동조합 섹터를 구축한 상태이다. 사회적 기업 중에서 가장 큰 집단은 영리목적이 없이 사회의 필요성에 대응하는 재단법인이다. 그리고 스웨덴도 사회적 기업이 특정한 법적 구조를 가지며, 유한회사, 경제적 연합체, 비영리 연합체 혹은 재단법인 등으로 운영된다.

3. 한국 사회적 기업 관련 정책의 경향

(1) 사회적 기업과 관련한 정책배경

한국에서도 근로 빈곤층의 문제, 고령화 문제, 사회서비스에 대한 수요 증가, 전체계층의 실업문제와 고용 없는 시대의 도래 등과 같은 복합적인 사회문제를 해결하기 위하여, '사회적 일자리 사업'이 시작되었다. 이 사업은 보건복지가족부의 '자활지원사업'과 노동부의 '사회적 일자리 사업'으로 진행되었다.

먼저, 보건복지가족부의 '자활지원사업'은 1999년 국민기초생활보장법 제정으로 2000년부터 자활지원사업은 근로유지형, 사회적 일자리형, 시장진입형, 인턴형[18] 등 자활근로사업 중심으로 다양하게 수행되었으나, 안정적인 일자리로 연결되지 못함에 따라 정부재정지원의 효과성과 관련한 논란이 지속적으로 제기되어 왔다. 그 예로 자활성공률은 2001년 9.5%로 비교적 높았으나, 2002년에는 6.9%로 떨어졌고 2005년에는 5.5%에 불과하였다. 자활성공률이 낮은 이유로는 근로능력과 근로의욕이 가장 낮은 기초생활보장 수급자들이 주로 자활사업에 참여하고 있고, 통합급여체계로 인해 수급자들이 탈수급을 꺼리기 때문이라고 분석하고 있다(국회예산정책처, 2006: 105－107).

2008년 이후에는 자활사업 프로그램으로, 디딤돌사업(사회적응프

---

18) 시장진입형 자활근로는 투입예산의 20% 이상 수익금이 발생하고, 일정기간 내에 자활공동체 창업을 통한 시장진입을 지향하는 사업(도우미사업 제외). 사회적 일자리형 자활근로는 사업의 수익성은 떨어지나 사회적으로 유용한 일자리 제공으로, 참여자의 자활능력 개발과 의지를 고취하여 향후 시장진입을 준비하는 사업으로, 사업단형과 도우미형이 있음. 인턴형 자활근로는 일반기업체에서 자활사업대상자가 자활인턴사원으로 근로를 하면서 기술·경력을 쌓은 후, 취업을 통한 자활을 도모하는 취업유도형 자활근로사업. 근로유지형 자활근로사업은 현재의 근로능력 및 자활의지를 유지하면서 향후 상위 자활사업 참여를 준비하는 형태의 사업이다(2009 기준).

로그램), 자활근로사업(주거현물급여 집수리사업, 자활사업 수익금 관리, 광역자활사업), 자활공동체지원사업, 창업지원사업, 자활소득공제(자활장려금)사업 등이 있다(보건복지가족부 b, 2008).

그리고 노동부의 '사회적 일자리 사업'은 사회서비스 부문에서 새로운 일자리를 창출할 목적으로 2003년 7월 시작되었다. 이 사업은 지역에 기반을 둔 고용정책 수단으로 정부의 재정과 민간의 자원을 결합하여 취업취약계층 등[19]에게 사회적 일자리를 제공하는 사업이다. 즉, 사회적으로 필요하지만 수익성 등으로 인하여 시장에서 충분히 제공되지 못하는 보건·사회복지·교육 등 사회서비스 부문에서 비영리법인 또는 비영리단체가 창출하는 일자리 의미이다(실업극복국민재단 함께일하는사회, 2008: 59).

사회적 일자리 사업 유형은 2007년 이후 광역형, 기업연계형, NGO 단독형 사업으로 시행되었으나,[20] 여전히 국가 재정지원 의존도가 높고, 단기·저임금 일자리가 다수를 차지하는 등 근본적 개선 필요성이 대두되고 있다(노동부, 2008: 1). 우선 재정지원 의존도와 관련한 수입항목별 비율을 살펴보면, 3가지 사업 유형 모두 노동부 지원에 주로 의존하고 있는 것으로 나타났다. 전체 수입 중 노동부 지원 비

---

19) 취업취약계층은 일반 노동시장에 취업이 곤란하다고 판단되는 구직자로서, 취업의사는 있으나 다른 구직자에 비해 취업능력(학력, 경력, 자격증 등)과 취업기술(이력서 작성, 면접요령 등)이 부족하고 경제적·심리적으로 어려움을 겪고 있어, 심층상담 및 지원이 특별히 요구되는 구직자를 말한다(실업극복국민재단 함께일하는사회, 2008: 59).

20) 광역형 사업은 지부를 가진 비영리단체 또는 비영리단체로 구성된 컨소시엄이 2개 이상의 시·도에서 동일한 사업을 수행하면서, 수혜자 부담 등을 통해 자체적으로 수익을 발생케 하는 사업 또는 민간기업과의 파트너십 체결로 지속적인 수익구조를 확보할 수 있는 사업. 기업연계형 사업은 비영리단체와 기업 또는 비영리단체와 기업, 지방자치단체가 사회적 일자리 창출사업 운영을 위한 인적·물적 자원의 출연 및 역할분담을 통해 사회적 일자리를 제공하는 사업. NGO단독형 사업은 비영리단체 등이 운영하며 수혜자 부담 등을 통해 자체적으로 수익을 발생케 하는 사업 또는 민간기업과의 파트너십 체결로 지속적인 수익구조를 확보할 수 있는 사업. 이는 공익형 사업을 없앰에 따라 자립지향형 사업에 대한 성격이 모호한 관계로 NGO단독형으로 사업 유형을 변경한 것이다(실업극복국민재단, 2008: 61).

중이 가장 높은 사업은 수입의 77.9%를 차지하는 NGO단독형 사업이었고, 광역형이 76%, 기업연계형이 59% 순이었다(2007년 기준, 실업극복국민재단 함께일하는사회, 2008: 168). 또한 임금수준을 보면, 일반참여자의 1인당 월평균 급여액은, 71만 원 이상~80만 원 이하가 21명(52.5%), 81만 원 이상~90만 원 이하가 8명(20%)이었으며, 일반참여자 평균급여는 851,860원으로 최소 385,000원, 최대 1,300,000원의 급여를 받고 있는 것으로 나타났다(2007년 기준, 실업극복국민재단 함께일하는사회, 2008: 169).

이 같은 상황에서 보건복지가족부의 '자활지원사업'과 노동부의 '사회적 일자리 사업'의 대안으로 유럽의 사회적 기업제도 도입과 관련한 논의가 본격화되었다. 이 논의과정에서 사회적 일자리 사업이 수익을 창출하고 자립을 도모할 수 있는 모델이 기업연계형 모델임을 확인하고, 비영리법인·단체 등 제3섹터를 활용한 안정적 일자리 창출 및 양질의 사회서비스 제공 모델로서 사회적 기업 도입 논의가 구체화되었다.

(2) 사회적 기업에 대한 정책현황

이 같은 사회적 기업 도입논의 결과, 사회적 기업육성법을 2007.1.3.에 제정하여 2007.7.1.에 시행하였으며, 시행령은 2007.6.29.에, 시행규칙은 2007.7.18.에 제정하였다. 이후 2008.2.1.에 사회적 기업 육성 기본계획 수립을 위한 워크숍을 개최하여, '사회적 기업 활성화 방안', '지역중심 사회적 기업 육성 및 민간기업의 참여 확대 방안' 등을 중점 논의하였고, 2008.2.19.~5.15.까지는 사회적 기업 육성과제별 정책포럼을 7회 개최하였다(표 3-6 참조). 2008년 2~8월에는 노동연구원에서 기본계획 수립을 위한 기초 조사연구를 하고, 사회적 기업 육성 기본계획 수립을 위한 공청회 개최(5.29, 7.1, 2회), 2008년 7~8월에는 세부 추진과제 작성을 위한 전문가 간담회 개최(3회), 2008.10.15.에는 사회적 기업육성위원회의 심의가 있었다(노동부, 2008: 2). 그리고 2008년 11월에는 2008년부터 2012년까지의 5년간 '사회적 기업 육성 기본계획'이 발표되었다(노동부, 2008: 2).

〈표 3-6〉 사회적 기업 육성과제별 정책포럼 내용

◇ 1회: 새 정부 사회적 일자리 추진방향(2.19)
◇ 2회: 사회적 기업 인증제도 개선(3.4)
◇ 3회: 사회적 기업 네트워크 등 인프라 구축방안(3.18)
◇ 4회: 사회적 기업 우선구매제도 활성화(4.1)
◇ 5회: 사회적 기업 자본시장 육성(4.15)
◇ 6회: 사회적 기업육성법 제도개선(4.29)
◇ 7회: 지자체 참여 활성화 방안(5.15)

자료: 노동부, 2008: 2.

사회적 기업과 관련한 조직체계를 살펴보면, 종전에는 중앙부처 및 지방자치단체 그리고 민간부문의 3체계로 구성되어 있었다. 중앙부처는 중앙사회적 기업육성위원회(위원장: 노동부차관)를 중심으로 노동부, 기재부, 행안부, 중기청, 관련 부서가 사회적 기업 육성을 위한 제도적 기반 및 여건을 조성하는 역할을, 지방자치단체는 지방사회적 기업육성협의체(위원장: 시도지사 등)를 중심으로 여건 조성 및 지역특성에 맞는 사회적 기업 육성 모델 발굴을, 민간부문에서는 사회적 기업 설립 및 운영, 사회적 기업에 대한 투자, 컨설팅 · 성과모니터링 등 운영 · 평가를 지원하는 체제였다(노동부, 2008: 37).

그러나 2010년 6월 법 개정으로 고용노동부 산하 사회적 기업육성 위원회가 폐지되고 한국 사회적 기업진흥원이 법인으로 설립되어 고용노동부장관은 진흥원에 사회적 기업 실태 조사, 인증업무, 교육훈련 등의 업무를 위탁하게 되었다.

또한 사회적 기업과 관련한 기본방향 및 추진전략은 비전, 목표, 추진전략, 중점추진과제 등 4단계로 구성되어 있다. 비전은 사회통합적 시장경제를 구현하는 것이며, 목표는 사회적 기업 성공 모델을 구축하고 확산하는 것이다(노동부, 2008: 18). 4단계의 세부적인 설명은 <그림 3-1>과 같다.

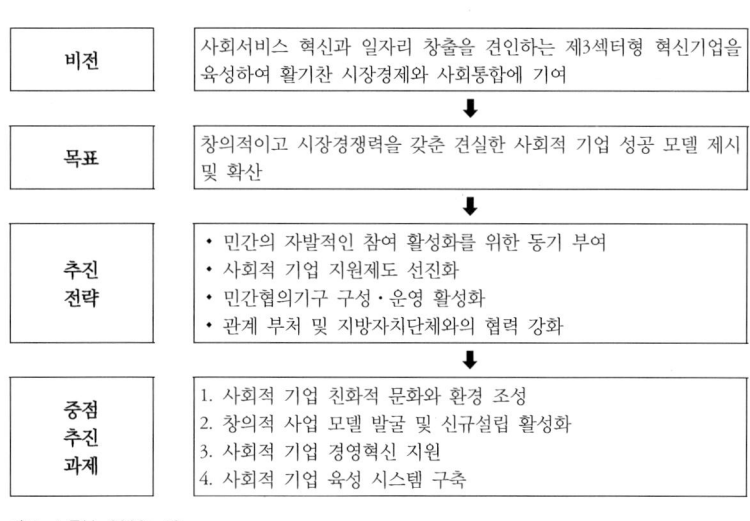

자료: 노동부, 2008: 18.

〈그림 3-1〉 한국 사회적 기업 기본방향 및 추진전략

특히 4가지 중점추진과제는 영국의 정책내용과 유사하다. 순서대

로 설명한다. 제1과제는 사회적 기업 친화적 문화와 환경 조성이다. 그 이유는 사회적 기업에 대한 국민의 관심이 높아지고 있으나 아직은 그 가치에 대한 인식이 저조하기 때문이다. 그 예로 사회적 기업에 대한 국민 인지도는 한국은 16.5%('08.10), 영국은 26%('06) 수준이다. 따라서 제1과제의 초점은 사회적 기업의 창업 및 성장에 우호적인 환경을 조성하고, 사회적 기업에 대한 구매지원과 사회적 기업 자본시장 육성기반을 마련하는 데 있다(노동부, 2008: 20).

이러한 제1과제의 방안으로는 4가지가 있다.

ⅰ) 첫째, 사회적 기업의 가치 정립 및 전파 방안으로서, 교육과 홍보 및 사회적 기업의 날을 지정하는 것이다.

ⅱ) 둘째, 민간기업과의 협력 모델 확산 방안이다. 세부적으로는 일반기업과 사회적 기업과의 투자 및 경영지원을 연계, 지자체를 중심으로 지역연계형 또는 모델개발형 예비 사회적 기업을 발굴, 민간기업과 사회적 기업의 정책협의회 구성 등이 있다. 외국에서 투자 및 경영지원을 연계한 예로는, 미국의 경우 창업지원 및 판로제공(Pioneer Human Service), 프랜차이즈(Ben & Jerry), 연구 및 교육훈련(GoldmanSachs), 지역개발협력(애틀랜타 프로젝트), 영국의 경우 다양 현물기부(FRN) 등이 있다.

ⅲ) 셋째, 공공서비스의 혁신과 사회서비스 시장 창출 방안이다. 이는 공공서비스의 민영화 및 분권화로 사회적 기업의 시장 진출 기회를 확대하는 것이다. 그 예로 영국에서는 80년대 사회적 돌봄 영역, 레저부문 등의 시장화로 레저부문에서 100여 개 사회적 기업이 사업권을 획득하였고, 2012년 런던올림픽 준비에는 사회적 기업이 대거 참여하였다.

iv) 넷째, 사회적 기업 자본시장 육성기반 조성 방안이다. 세부적으로는 단기방안과 중장기방안이 있다. 단기적으로는 기존 제도 즉, 휴면예금·재정 등을 통해 창업자금 등 융자 확대 추진, 사회복지공동모금회에 사회적 기업의 적극 응모방안, 사회적 기업(상법상 회사)은 중소기업창업자금, 신용보증제도 등 기존 제도를 활용할 수 있는 방안 등이 있다. 중장기적으로는 단체의 사회공헌기금 등으로 다양한 사회적 기업 지원펀드 조성, 지역별로 사회적 기업을 위한 지역투자기관 육성 등이 있다.

이러한 외국의 사회적 기업 지원펀드 사례로는 영국의 경우, 정부가 2008년 1천만 파운드를 출자하여 설립단계의 사회적 기업을 지원하는 '위험자본 투자기금(Risk Capital Investment Fund)'이 있고, 개인이나 기업이 투자하여 만든 기금으로서 '지역공동체 개발자금 단체(Community Development Finance Institution)'가 있다. 이탈리아는 사회적 기업 설립 지원을 위해 1995년 설립한 '사회적 기업개발주식회사(COSIS)'가 있고, 미국은 1994년 정부가 지역개발금융기관에 자금지원을 목적으로 설립한 'CDFIs(Community Development Financial Institution)'가 있다(노동부, 2008: 20-23).

제2과제는 창의적 사업 모델 발굴 및 신규설립 활성화이다. 그 이유는 한국은 사회책임투자(Social Responsibility Investment, SRI)나 사회적 벤처펀드 등 사회적 기업의 창업기반이 취약하기 때문이다.[21] 따

---

21) 사회투자(Social Investment)는 사회투자국가, 사회투자전략, 사회투자정책 중심으로 논의가 진행 중이다. 사회투자는 경제적, 사회적, 환경적 가치를 고려하여 투자하는 것으로, 사회책임투자, 지역사회투자로 구분된다. 사회책임투자(Social Responsibility Investment)는 도덕적이고 투명한 기업, 환경친화적인 기업에 투자하는 것이고, 지역사회투자는 낮은 금리로 사회적 기업 등에 투자하여 지역사회 개발이나 저소득층 생활안정을 도모하는 것이다(최종태 외, 2008: 124). 사회적 벤처(Social Venture)는 사회적 가치(사회적 변화, 성과)와 경제적 가치(재무적 이익)를 동시에 추구하는 초창기 사업을 말한다.

라서 제2과제의 초점은 예비 사회적 기업에 대한 창업지원 인프라를 구축하고, 단계적으로 정부의 일자리 관련 사업을 사회적 기업으로 육성하는 것이다(노동부, 2008: 24).

이러한 제2과제의 방안으로는 5가지가 있다.

ⅰ) 첫째 방안은 사회적 기업가 육성방안이다. 세부적으로는 영국의 사회적 기업가 학교처럼 사회적 기업가 양성과정을 지속적으로 확대하는 것(2008년 18개→2012년 30개)과, 미국과 같이 대학에서 사회적 기업 관련 과정 개설을 하는 것이다(미국 60여 개 대학).

ⅱ) 둘째 방안은 분야별 육성전략 방안이다. 세부적으로 보면, 먼저 블루오션(blue ocean) 방안으로, 새로운 수요가 많고 시장과의 충돌이 적어 사회적 기업의 진출가능성이 높은 지역개발·환경·문화 등 전략 분야에 사회적 기업을 발굴하는 것이다. 전략 분야의 예로는 △ 농촌마을개발, 도시재설계, 도농연계 등 지역개발, △ 신재생 및 친환경 대안에너지 개발 및 보급, △ 지역 친환경 농산물을 생산·가공·유통과 학교급식의 연계, △ 지방자치단체의 재활용 위탁사업, △ 문화재일상관리, 민속마을경영, 한옥스테이 등 문화재 보호 등이다. 그리고 취약계층에게 일경험, 능력개발, 취업지원 등의 서비스를 제공하는 경과적 일자리 제공 사회적 기업의 육성도 있다.

ⅲ) 셋째 방안은 재정지원사업 등을 단계적으로 사회적 기업으로 전환하는 방안이다. 사회적 기업으로 전환이 가능한 재정지원사업은 <표 3-7>와 같다.

ⅳ) 넷째 방안은 예비 사회적 기업 육성 시스템 구축방안이다. 이는 사회적 일자리 창출사업을 예비 사회적 기업 발굴·육성을 위한 경로로 활용하기 위하여, 기업연계형, 지역연계형, 모델발굴형을 도

입하고, 모델발굴지원단(중앙 및 시도)을 구성하는 것이다.

ⅴ) 다섯째 방안은 창업지원 인프라 구축 및 창업장벽 제거방안이다. 이 방안은 사회적 벤처 같은 혁신적인 사회적 기업 창업 모델 발굴, 창업지원센터와 자금조성 등 창업지원 인프라 구축, 제도적인 장애요인 제거 등이다. 특히, 제도적인 장애요인 제거의 예로는, 소비자 생활협동조합의 영업에 의한 수익활동 범위를 넓게 해석하는 등 방법으로 사회적 기업으로 전환하는 방안 검토, 사회적 기업 창업 및 시설구입 시 등록세 · 취득세 · 재산세 등을 감면 추진하는 방법도 있다(노동부, 2008: 24-28).[22]

〈표 3-7〉 한국 사회적 기업으로 전환 가능한 재정지원사업

· 사회서비스일자리 사업(2008년 228,154명) 　-복지부의 바우처 공급기관, 사회서비스 선도사업 　-교과부의 깨끗한 학교 만들기 　-문화부의 예술강사 운영 등 · 자활근로사업단(2007년 2,562개소) 및 자활공동체(2007년 687개소) 　-집수리, 청소, 재활용 및 쓰레기 수거, 간병 분야 · 장애인 표준작업장(2007년 65개소) 　-자회사형 장애인 표준사업장(2008년 시행): POSCO의 포스위드 등 4개 · 장애인 직업재활시설(2006년 319개소) · 바우처 사업 참여기관 및 노인장기요양시설 등

자료: 노동부, 2008: 26. 수정인용.

제3과제는 사회적 기업 경영혁신 지원이다. 그 이유는 사회적 기업이 아직까지 주로 재정지원에 의존하는 경향이 많기 때문이다. 이러한 제3과제의 방안으로는 3가지가 있다.

ⅰ) 첫째 방안은 맞춤형 경영컨설팅 지원체계 확립이다. 세부적으

---

22) 창업중소기업, 창업벤처중소기업은 조세특례제한법 및 지방세법에 의거 취득세와 등록세는 면제, 재산세는 50% 감액하고 있다.

로는 사회적 기업이 정부가 지원하는 쿠폰으로 경영컨설팅을 받는 쿠폰제 경영컨설팅 시스템 도입 방법이 있다. 사회적 기업 중에서 상법상 회사는 중소기업 쿠폰제 컨설팅으로, 비영리 조직은 사회적 기업지원센터를 통하여 경영컨설팅을 받는 방법이다. 그리고 사회적 기업의 경영 회계·마케팅 및 노무관리 지원방법이 있다.

ii) 둘째 방안은 경영투명성 제고방안으로, 사후관리를 위한 경영 및 회계 투명성을 제고하는 것이다.

iii) 셋째 방안은 사회적 기업 지원 네트워크를 확충하는 것이다(노동부, 2008: 29-32). 내용은 <그림 3-2> 참조.

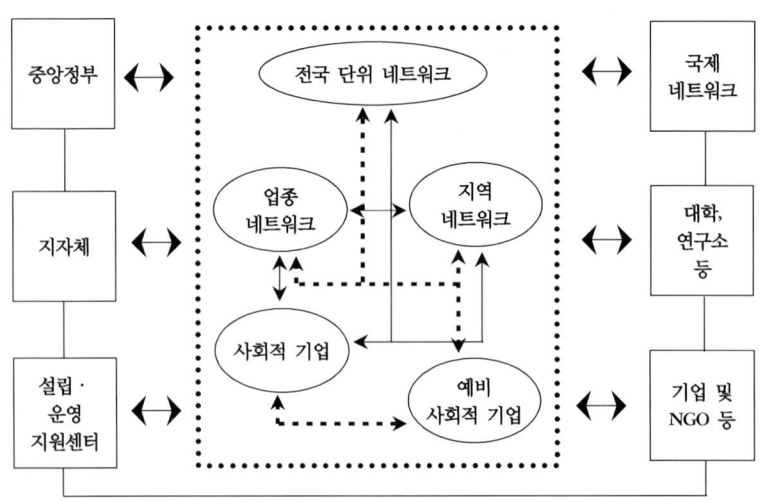

자료: 노동부, 2008: 32.

〈그림 3-2〉 한국 사회적 기업 지원 네트워크 체계도

제4과제는 사회적 기업 육성 시스템 구축이다. 이유는 사회적 기업이 도입 초기로 정부지원의 원칙과 철학이 없을 뿐만 아니라 관계부처, 지자체의 기능과 역할에 대한 합의도 미흡한 상태이기 때문이다. 따라서 사회적 기업의 유형과 성장단계에 따른 표준화된 지원체제를 구축하는 것이 제4과제의 초점이다.

내용을 보면, 사회적 기업의 초기단계에는 인건비 등 재정지원과 우선구매·세제감면 등 경영지원을 병행하되, 시장성의 정도에 따라 차등 지원하고, 성장단계에는 재정지원은 필요최소한으로 제한하면서 우선구매, 세제, 융자 등 경영지원을 통한 생존가능성을 모색케 하는 방법이다.

이를 4가지 사회적 기업 유형별로 구분하면 다음과 같다. ① 유형(일자리 제공형)의 경우, 초기단계는 인건비를 지원하되 장기적(3~5년)으로 인건비 수준을 축소하고(100%, 70%, 50% 등), 경영지원을 통하여 자립을 유도한다. ② 유형(사회서비스 제공형)의 경우는 초기단계에 상품·서비스 구매, 제한적인 인건비 등 지원하고 장기적으로는 공공조달·세제 등 지원을 통하여 자립을 유도한다. ③ 유형(일자리 및 사회서비스 통합제공형)은 공공성이 가장 높은 유형으로 ①과 ② 유형의 지원내용을 혼합 지원하되, 자립기반을 위하여 사업의 특화를 유도한다. ④ 유형(혼합형 및 지역사회공헌형)은 초기단계부터 인건비 등 재정지원보다는 모델 개발비, 네트워크 구축·운영비 등 경영지원을 통하여 자립 모델로 육성한다. 한국 사회적 기업의 유형별, 성장단계별 지원방안은 <그림 3-3>과 같다(노동부, 2008: 33-36).

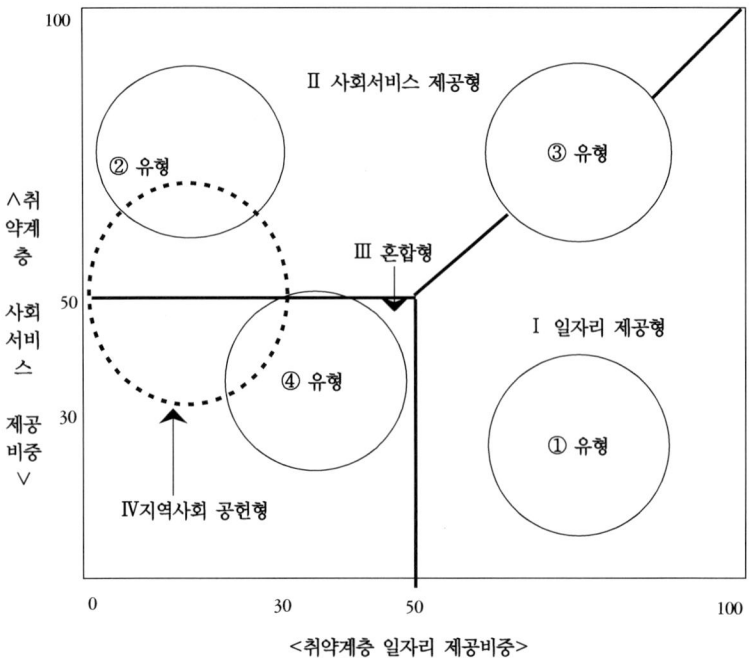

자료: 노동부, 2008: 33.

〈그림 3-3〉 한국 사회적 기업의 유형 및 성장단계별 지원방안(예)

(3) 사회적 기업육성법의 법적 규정과 내용

사회적 기업육성법은 목적, 정의, 사회적 기업의 인증, 지원방안 등 조항으로 구성되어 있다. 순서대로 설명한다.[23]

① 목적

이 법은 사회적 기업의 설립·운영을 지원하여, 우리 사회에서 충

---

23) 이하는 2010.6.8. 개정되어 2010.12.9. 시행되는 사회적 기업육성법 규정에 의한다.

분하게 공급되지 못하고 있는 사회서비스를 확충하고 새로운 일자리를 창출함으로써, 사회통합과 국민의 삶의 질 향상에 기여하는 것을 목적으로 한다(법 제1조). 즉, 사회서비스 제공형이나 일자리 제공형 또는 지역사회에 공헌하는 사회적 기업 등을 통하여 사회통합과 국민의 삶의 질 향상이라는 궁극적인 목적을 달성한다는 의미이다.

② 용어의 정의

첫째, 사회적 기업은 '취약계층에게 사회서비스 또는 일자리를 제공하거나 지역사회에 공헌함으로써 지역주민의 삶의 질을 높이는 등의 사회적 목적을 추구하면서 재화 및 서비스의 생산·판매 등 영업활동을 하는 기업으로서 인증받은 자'라고 규정되어 있다(법 제2조 제1호). 따라서 사회적 기업은 사회적 목적 추구, 영업활동 수행기업, 인증이라는 3가지 요건을 모두 충족해야 한다.

따라서 법 규정상 사회적 기업 종류는 사회서비스 제공형 사회적 기업, 일자리 제공형 사회적 기업, 지역사회에 공헌하는 사회적 기업 등 3가지로 볼 수 있다. 종전에도 사회서비스 또는 일자리 제공 이외에도 다른 사회적 목적을 추구하는 사회적 기업도 가능하였다. 그 이유는 사회적 목적을 판단하기 곤란한 경우에는, 사회적 기업육성위원회의 심의를 거쳐 고용노동부장관이 사회적 목적의 실현 여부를 판단하였기 때문이다(영 제9조 제2항).

둘째, 취약계층은 '취약계층이란 자신에게 필요한 사회서비스를 시장가격으로 구매하는 것에 어려움이 있거나 노동시장의 통상적인 조건에서 취업이 특히 곤란한 계층'으로 명시되어 있다(법 제2조 제2호). 그리고 세부적으로는 △가구 월 평균 소득이 전국가구 월 평균 소득의 60% 이하인 자, △고령자(55세 이상인 자), △장애인(중증장애인 포함), △성매매 피해자, △장기실업자 등 장관이 인정한 자이다(영 제2조 각 호). 이 중에서 장기실업자는 실업기간이 6개월 이상인 자이고, 장관이 인정한 자는 행정해석으로 인정되는 신용불량자, 갱생보호대상자, 노숙자 등이다(노동부 b, 2007: 18).

셋째, 사회서비스는 '교육 · 보건 · 사회복지 · 환경 및 문화 분야의 서비스 그 밖에 이에 준하는 서비스로서 대통령령이 정하는 분야의 서비스'로 규정되어 있다(법 제2조 제3호). 그리고 대통령령이 정하는 분야의 서비스로는 △보육 서비스 △예술 · 관광 및 운동 서비스, △산림 보전 및 관리 서비스, △간병 및 가사 지원 서비스, △장관이 인정하는 서비스로 명시되어 있다(영 제3조). 따라서 사회서비스 범위가 망라적이므로 최광의의 개념으로 볼 수 있다.

③ 사회적 기업의 인증

인증에는 인증절차와 인증요건이 있다. 인증절차는 인증 신청공고(고용노동부 사회적 기업과), 인증 신청, 인증 신청접수(지방고용지원센터), 고용정책심의회의 심의(종전에는 사회적 기업육성위원회 인증심의), 고용노동부장관 인증, 관보 게재 순서로 진행된다(법 제7조 이하).

중요한 점은 8가지 인증요건이다. 사회적 기업으로 인증받으려면 8가지 요건을 모두 갖추어야 한다(법 제8조 제1항 각 호). 8가지 인증요건은 다음과 같다.

ⅰ) 첫째, 조직요건으로, 민법상 법인 · 조합, 상법상 회사 또는 비영리 민간단체 등 대통령령이 정하는 조직형태이어야 한다. 여기서

비영리 민간단체는 △공익법인, △비영리 민간단체, △사회복지법인, △생활협동조합, △다른 법률에 따른 비영리단체를 말한다(영 제8조 각 호). 특별한 사항은 상법상 회사도 사회적 기업으로 인증받을 수 있기 때문에 기업이 자신의 사회적 책임을 사회적 기업으로 이행할 수 있다는 점이다.

그러나 유의할 점은 개인이나 개인사업자는 인증받을 수 없고, 국민기초생활보장법상 자활공동체에도 별도의 독립적인 조직형태를 갖추지 않는 한 개인사업자만으로 사회적 기업으로 인정받기는 어렵다. 또한 비영리법인 소속 내의 사업단은, 기관의 하부부서가 아니고 독립적인 운영구조(독자적인 운영규정, 회계 및 고용관계, 운영위원회 등)를 구비하면, 사업단 이름으로 신청을 하여 인증을 받을 수 있다. 예를 들면, (재)아름다운재단 소속 내의 아름다운가게의 경우이다. 그리고 소속 사업단이나 프로그램이 모법인 등으로부터 독립한 경우에는 독립한 단체로 신청해야 하고, 모 단체의 기존사업을 승계하였다면 그 사업활동 실적은 6개월간 영업실적에 포함 가능하다.[24)]

ii) 둘째로 근로자요건으로, 유급근로자를 고용하여 재화와 서비스의 생산·판매 등 영업활동을 수행해야 한다. 유급근로자는 정규직 근로자뿐만 아니라 비정규직(일용, 상용), 파트타임 근로자 등 관련 사업을 수행하기 위해 고용된 사람은 고용형태와 상관없이 유급근로자로 인정한다. 단, 유급형태가 아닌 자원봉사자 등이나 사회적 기업 활동과 전혀 무관한 근로자는 포함되지 않는다.[25)] 법령에는 최저 고용인원 규정은 없으나 너무 소규모일 경우 심사 시 통과 못 할 가능

---

24) 사회적 기업Q&A(노동부 사회적 기업, http://www.socialenterprise.go.kr/).
25) 사회적 기업Q&A(노동부 사회적 기업, http://www.socialenterprise.go.kr/).

성도 있다.

iii) 셋째, 목적요건으로서, 조직의 주된 목적이 취약계층에게 일자리나 사회서비스를 제공하여 지역주민의 삶의 질을 높이는 등 사회적 목적을 실현하는 것이라야 한다. 세부적으로는 4가지 경우가 있다. 일자리 제공형은 전체 근로자 중 취약계층의 고용비율이 50%(2011년 6월 30일까지는 30%) 이상이라야 하고, 사회서비스 제공형은 전체 서비스 수혜자 중 사회서비스를 제공받는 취약계층의 비율이 50%(2011년 6월 30일까지는 30%) 이상일 것, 혼합형은 전체 근로자 중 취약계층의 고용비중과 사회서비스를 제공받는 취약계층의 비중이 각각 30%(2011년 6월 30일까지는 20%) 이상일 것, 기타 형은 심의를 거쳐 고용노동부장관이 결정한다(영 제9조).

iv) 넷째로 의사결정요건으로, 서비스 수혜자, 근로자 등 이해관계자가 참여하는 의사결정구조가 존재하여야 한다. 이는 사업계획 등 조직의 중요의사 결정을 대표 독단적으로 결정하지 말고 민주적으로 결정해야 한다는 의미이다. 여기서 민주적인 결정은 보통 다수결 원칙을 말한다. 그리고 이해관계자는 서비스 수혜자, 근로자, 후원기업 또는 후원자 등이다. 의사결정구조라 함은 이사회, 총회, 중요 의사결정 사항의 의견 수렴을 위한 별도회의체 구성 등을 의미하며, 보통 정관, 규약 등에 서면으로 규정함이 바람직하다(노동부 b, 2007: 29).

실무적인 판단기준은 운영위원회 등 각종 위원회, 총회(회원으로 구성), 주주총회 등이 정관에 규정되어 있는지 여부 및 실제 회의체 명단이나 사외이사 명단 등을 통해 요건을 심사하나, 정관 등에 임원 이사만으로 구성된 이사회만 있는 경우는 요건 미비로 처리한다.[26)

v) 다섯째 수입요건으로, 신청한 달의 직전 6개월 동안에 영업활

동을 통한 총수입이 지출되는 총 노무비(서비스나 생산에 투입되는 인력에 대한 비용)의 30% 이상이라야 한다(영 제10조). 예를 들어 9월에 사회적 기업을 신청한 경우, 3월부터 8월까지의 6개월 동안 총 노무비가 6,000만 원이라면, 총수입은 1,800만 원 이상이어야 한다.

그러나 유의할 점은 총수입과 총 노무비는 증빙서류로 제출해야 한다는 점이다. 총수입 증빙서류로는 재무제표(손익계산서), 부가가치세과세표준증명(세무서 발급), 일반과세자 부가가치세(세무서 발급), 총계정원장(계정원장, 매출장, 현금출납장 등), 현금출납부, 결산보고서 중에서 택일하여 제출한다. 총 노무비 증빙서류로는 재무제표(손익계산서), 임금대장 등 중에서 택일한다. 그리고 보조금, 후원금은 총수입에 포함될 수 없다.[27]

vi) 여섯째, 정관이나 규약 등이 구비되어야 한다. 정관이나 규약에는 10가지 사항 즉, △목적, △사업내용, △명칭, △주된 사무소의 소재지, △기관 및 지배구조의 형태와 운영 방식 및 중요 사항의 의사결정 방식, △수익배분 및 재투자에 관한 사항, △출자 및 융자에 관한 사항, △종사자의 구성 및 임면에 관한 사항, △해산 및 청산에 관한 사항(상법상 회사인 경우에는 배분 가능한 잔여재산이 있을 경우 잔여재산의 3분의 2 이상을 다른 사회적 기업 또는 공익적 기금 등에 기부하도록 하는 내용이 포함),[28] △기타 대통령령이 정하는 사항(지부支部, 재원 조달, 회계에 관한 사항)이 기재되어야 한다(법 제9조, 영 제11조).

---

26) http://www.socialenterprise.or.kr/

27) http://www.socialenterprise.or.kr/

28) 청산(liquidation)이란 회사 등의 법인·조합이 해산에 의하여 모든 법률관계를 종료시키고 그 재산관계를 정리하여 이를 분배함을 목적으로 하는 절차를 말한다.

vii) 일곱째, 상법상 회사인 경우에는 회계연도별로 배분 가능한 이윤이 발생한 경우에 이윤의 2/3 이상을 사회적 목적을 위하여 사용해야 한다.

viii) 여덟째, 기타 운영 기준에 관하여 대통령령이 정하는 사항을 갖춰야 한다.

④ 지원방안

지원방안은 사회적 기업에 대한 직접적인 지원과 연계기업에 대한 간접적인 지원 등 2가지가 있다. 먼저 사회적 기업에 대한 직접적인 지원은 크게 6가지로서, △경영지원, △교육훈련 지원, △시설비 지원, △공공기관의 우선구매, △조세감면 및 사회보험료의 지원, △사회서비스 제공 사회적 기업에 대한 재정지원이 있다(법 제10-14조). i) 경영지원은 경영·기술·세무·노무·회계 등의 분야에 대한 전문적인 자문 및 정보 제공 등 각종 지원을 하는 것이다(임의규정). ii) 교육훈련 지원은 사회적 기업의 설립·운영에 필요한 전문인력의 육성, 사회적 기업 근로자의 능력향상을 위하여 교육훈련을 실시하는 것이다(임의규정). iii) 시설비 등의 지원은 국가 및 지방자치단체가 사회적 기업의 설립 또는 운영에 필요한 부지구입비·시설비 등을 지원·융자하거나 국·공유지를 임대하는 것이다(임의규정). iv) 공공기관의 우선 구매는 공공기관의 장이 사회적 기업이 생산하는 재화나 서비스의 우선구매를 촉진하여야 한다는 것이다(강행규정). v) 조세감면은 국세 및 지방세를 감면하는 것이고, 사회보험료 지원은 국민연금, 국민건강보험, 고용보험, 산업재해보상보험의 보험료 일부를 지원하는 것이다(임의규정). vi) 사회서비스 제공 사회적 기업에 대한 재정지원은 사회서비스를 제공하는 사회적 기업에 대하여 인건비 · 운영경비 · 자문비용 등의 재정적인 지원을 한다는 것이다(임의규정).

다음으로 연계기업에 대한 간접적인 지원은 국가 및 지방자치단체가 사회적 기업에 기부하는 연계기업 · 법인 또는 개인에 대하여 국세 및 지방세를 감면할 수 있다는 것이다(법 제16조). 여기서 연계기업이란 특정한 사회적 기업에 대하여 재정 지원, 경영 자문 등 다양한 지원을 하는 기업으로서 그 사회적 기업과 인적 · 물적 · 법적으로 독립되어 있는 자를 말한다(법 제2조 제4호).

⑤ 연계기업과 사회적 기업의 관계

연계기업과 사회적 기업의 관계는 상호 독립적 조직이라는 점을 유의해야 한다. 그 이유는 연계기업이 사회적 기업에 대하여 재정 지원, 경영 자문 등 다양한 지원을 하는 기업으로서 그 사회적 기업과 인적 · 물적 · 법적으로 독립되어 있는 자라는 점, 또한 연계기업이 사회적 기업의 근로자에 대하여 고용상의 책임을 지지 아니한다는 규정이 있기 때문이다(법 제15조).

제2절 국가별 사회적 기업의 사례

1. 국가별 기업 사례 선정의 2가지 목적

여기에서는 먼저, 외국 사회적 기업의 사례를 국가별로 설명하기로 한다. 그 이유를 살펴보면, 첫째, 외국의 경우에는 이미 존재하고 있는 사회경제부문 조직들을 사회적 기업으로 지정 또는 인증함으로써, 지원을 강화하는 방식을 채택하였다. 즉, 지원정책의 초점은 보다 많은 비영리 민간단체들이 사회적 기업으로 전환할 수 있도록 한 점이다. 따라서 이 같은 각국의 사회적 기업제도화의 역사는 한국에서도 사회적 기업에 대하여 활동 분야, 지원기준, 지원내용과 방식 등 지원정책 결정에 많은 시사점을 제공할 것이라고 판단되기 때문이다.

둘째, 이론적으로는 국가별 사회적 기업의 사례를 설명함으로써, 기업의 역할이 일자리 창출형 또는 서비스 제공형이나 통합형 등 어느 부분에 중점을 두고 있는지를 파악할 수 있고, 이를 통해 제4장에서 언급하는 한국 사회적 기업의 모형을 도출하기 위한 기초적인 근거로 사용할 수 있기 때문이다. 또한 각각의 사회적 기업 취지, 연혁, 활동영역과 내용, 활동효과, 장단점을 파악하여, 제5장에서 설명하는 한국 사회적 기업의 현실적인 운영 모델로 제시할 수 있는 실무적인 이유도 있다.

따라서 대상인 외국국가는 앞에서 논의한 사회적 기업 정책과의 일관성을 유지함이 타당하다고 사료되어 영국, 이탈리아, 미국, 프랑스를 중심으로 설명하기로 한다. 그리고 나라별 사회적 기업의 선정 기준은 각국의 정책 보고서나 단체나 개인의 연구보고서 등을 기준으로 가장 대표적인 사례를 설명하고, 그 이외의 사례는 표로 일목요연하게 제시하고자 한다. 또한 각국 사회적 기업의 중점역할은 한국 사회적 기업의 모형을 도출하기 위해, 일자리 창출형 또는 서비스 제공형이나 통합형 등으로 구분하고자 한다. 그리고 각각의 사회적 기업의 전체내용은 그 취지, 연혁, 활동영역과 내용, 활동효과, 장단점 등으로 파악하기로 한다.

그리고 이 같은 국가별 사회적 기업의 역할사례를 종합한 후, 제4장에서는 국가별 전체적인 사회적 기업의 유형 분류와 한국 사회적 기업의 5대 모형을 설명하고, 국가별 사회적 기업의 전체내용 즉, 취지, 연혁, 활동영역과 내용, 활동효과, 장단점은 제5장에서 활용하기로 한다.

2. 외국 4개국의 사회적 기업 개별 사례

(1) 영국의 일자리 중심 사회적 기업 사례

영국의 사회적 기업들은 시장에서 상품과 서비스를 팔거나 정부에 서비스를 제공하는 계약을 체결하며, 사회적 목적을 가진 독립된 조직이다. 대표적인 사회적 기업으로는 첫째, '빅 이슈(The Big Issue)'가 있다. 이 기업의 취지는 잡지출판 및 판매를 통하여 노숙자에게 재활과 자립 지원, 임시숙소 제공, 교육과 재취직 지원을 하는 것이다(노동부 b, 2007: 9). 즉, 노숙자가 구걸하지 않고 잡지를 팔아서 이익을 얻게 하여 자활에 성공하도록 돕기 위한 취지인 점에서, 기업의 역할은 일자리 창출형이다. 활동을 보면, 기업이 시사월간지 '더 빅 이슈'를 노숙자에게 싸게 공급하고, 판매 권한이 있는 노숙자가 정가로 파는 것이다.

둘째로 '그린웍스(Green Works)'는 2004년 등록된 자선단체이면서, 가구 재활용 사회적 기업이다. 즉, 대기업과 정부 부처의 남은 사무용 가구를 수거해 학교, 자선단체 등에 합리적인 가격으로 제공하고 있다. 설립목적은 환경적 목적 즉, 환경의 지속성이다. 활동효과를 보면, 2000년 설립된 뒤 150여 명이 이 회사에서 일자리를 찾았을 뿐만 아니라, 공공기관 5,000여 곳에 가구를 공급해 연간 250만 파운드를 절약하고 폐기물 재활용 등으로 온실가스 감축에도 앞장서고 있다. 따라서 기업의 역할은 일자리 창출형으로서, 환경친화적인 사업을 미래 사업으로 채택한 기업이다.[29]

셋째로 지역사회 조직이자 사회적 기업인 '리부트(ReBoot)'가 있다. ReBoot는 원래 해크니(Hackney) 시 소재 사회적 기업인 Bootstrap 기업에서 수립한 프로젝트로서, 핵심사업은 개인과 조직들로부터 기부받은 컴퓨터들을 재활용하는 것이었다. 이 프로젝트가 2000년에 사회적 기업으로 설립된 것으로, 설립목적은 주목적이 사회적 목적이고, 2차적 목적은 영리활동이다. 활동영역은 개인과 조직들로부터 기부받은 컴퓨터들을 재활용하는 것으로, 수집된 컴퓨터 부품들을 다시 업그레이드시켜 자선단체, 기업 및 개인들에게 판매하는 것이다. 그리고 기

---

29) 김명희, 2008: 145-146; 한국경제, 09.8.28. http://www.hankyung.com/news/app/newsview.php?aid=2009031298461.

업의 역할이 지역사회 주민들의 일자리 창출과 교육 및 훈련 서비스 제공이므로, 이 기업은 일자리 창출형으로 볼 수 있다.

넷째로 전국 및 지역 파트너십으로 활동하는 모범적인 개발기구인 '글래스고 웍스(Glasgow Works)'는 1994년 장기 실업자들의 직업 활동 복귀를 돕기 위해 설립되었다. 활동 분야는 방과 후 어린이 돌보기, 가전제품 재활용, 깃발 만들기, 청년들을 위한 훈련, 건설과 환경 등이다. 그리고 이 기업이 진행하는 사업은 종신고용을 창출할 수 있는 시장 활동으로 계획된 것이 특징이므로, 기업의 역할은 일자리 창출형으로 볼 수 있다.

다섯째로 1946년 시작된 공기업 성격의 사회적 기업인 '렘플로이(REMPLOY)'는 신체장애자들이 일하는 영국의 국영 제조회사이다. 활동효과를 보면, 이 기업은 고용인이 11,400명 이상이고, 이 중 90%가 장애인들이다. 다수의 일류 영국기업들과 거래하며 그 매출액이 1억 5천만 파운드 이상에 이른다. 정부에서 REMPLOY에 보조금을 지급하고 있고, 1992년 이후부터는 다른 소스에서도 자금을 조달, 사용할 수 있게 되었다. 약 80개의 공장과 6,000명의 영구직원을 거느린, 영국 최대의 장애인 고용기업이다(Aiken, 2006: 25-26).

다섯째로 사회적 기업의 일종인 WISE(노동통합형 사회적 기업)에는 6개의 종류가 있으며 이들은 일자리 창출에 지대한 공헌을 하고 있다(Aiken, 2006: 25). 6개의 종류를 순서대로 설명한다.

그중 하나인 '새로운 형태의 노동자협동조합'은 그 수가 419개로 추정되며(2002년), 활동초점은 일자리 창출로서 활동효과로는 1988~1992년 동안 약 10,000개의 일자리를 만들어 냈다.

그리고 '지역사회 공동체 비즈니스'는 1980년대 스코틀랜드 농촌 지역에서 처음 시작되어, 영국 글래스고와 다른 지방으로 성공적으로 퍼져 나갔다. 그 수가 400개에 달하고 3,500개의 일자리를 제공했던 것으로 추정된다(1995년).

다음으로 '중간 노동시장 조직(Intermediate Labour Market organizations: ILMs)' 기업모델도 스코틀랜드에서 시작되었다. ILM의 활동은 시간제한 상근 또는 비상근 노동자에게 훈련을 제공하고, 실직자에게 사회적으로 유용한 제품을 제공하는 데 목적이 있다. 활동효과는 이 기업의 65개 운영 프로그램에서 5,300개의 일자리를 찾아냈다. 또한 '사회적 회사(social firm)' 종류는 대부분 공공 및 자원봉사 분야 파트너십을 통해 발전되었는데, 유럽연합에서 자금을 받은 경우도 자주 있다. 사회적 회사의 수는 약 38개이고, 각각 약 10명의 인원으로 구성되어 있다. 이 기업은 수입의 50% 이상을 판매를 통해 달성하고, 유급 인력의 25% 이상을 장애나 기타 불리한 조건의 사람들로 고용한다. 이외에도 일자리 및 훈련을 제공하는 '자원봉사조직'과 '사회적 기업의 일부로 노동통합이 되어 있는 조직'도 있다.

(2) 이탈리아의 서비스 중심 사회적 기업 사례

이탈리아의 사회적 기업은 공익을 위한 상품 생산과 기업의 사회적 목적을 반영하는 경영형태를 결합한 것이다(OECD, 1999: 15. 재인용). 사회적 기업으로는 첫째로 이탈리아의 대표적인 사회적 기업인 '사회적 협동조합(social co-operative)'이 있다. 사회적 협동조합은 활동 분야에 따라 2가지 종류가 있다.

먼저 'A 유형 사회적 협동조합'은 사회적 서비스를 제공하는 것으로, 사회적 복지 및 교육 서비스를 관리한다. 그리고 'B 유형 사회적 협동조합'은 '노동통합 사회적 협동조합'으로 부르기도 하며, 농업·산업·상업 활동이나 취약계층에게 일자리를 공급하는 노동통합의 기능을 수행한다. 따라서 A 유형은 기업적인 성격이 있어 생산적인 목표를 추구하지만 사회서비스 분야에서 운영되고, B 유형은 노동통합을 위해 최소한 소속직원의 30%가 취약계층 노동자로 구성되어야 한다.

사회적 협동조합의 규모는 2004년 말 약 7,000개이고, 그중 A 유형은 59%인 4,026개, B 유형은 33%인 2,459개, 나머지 8%인 377개가 2 유형의 혼합형 또는 컨소시엄이었다.

그리고 활동효과를 보면, 회원은 267,000명이고, 유급직원은 223,000명, 자원봉사자 31,000명, 취약계층 24,000명이 일하고 있다. 따라서 7,000개 사회적 협동조합에서의 일자리 창출은 유급직원과 취약계층을 합하여 대략 25만 명이 되는 것이다(Loss, 2006: 33-35). 2009년 추정으로는 약 1만 8,600여 협동조합에서 40만 명가량이 일하고 있어, 일자리를 가장 많이 창출하는 부문 중 하나이다.[30]

이를 세부적으로 살펴보면, 둘째로, '라 스트라다 디 피아자 그랜드 (La Strada di Piazza Grande)'가 있다.[31] 이 기업의 활동은 노숙자·외국인·약물중독자 등을 위한 야간쉼터 관리, 청소서비스, 생태지역 관리 및 유지 서비스, 공중목욕탕 관리 등으로서, 서비스 제공형 사회적 기업이다(노동부 b, 2007: 9).

---

30) 르몽드 디플로마티크 http://ilemonde.com/news/articleView.html?idxno=387.

31) 'La Strada'는 길(road), 'Piazza'는 광장(廣場), 'Grande'는 큰, 웅장한이란 뜻이다. 의역하면 '웅장한 광장으로 가는 길'이다.

셋째, 이탈리아에서 가장 큰 협동조합으로 1천 명가량 직원을 고용하고 있는 '논첼로(Noncello)'가 있다. 이 기업은 1982년 포르데노네 (Pordenone) 시에서 업무를 시작하여 활동 분야는 비전문적 가사 청소 서비스, 대로변을 청소, 폐냉장고 재활용 처리사업이다. 논첼로는 장기 실업자, 정신질환자, 약물중독 경력자 등에게 가전제품의 수거를 맡기고 그에 합당한 임금을 지급하며, 또한 노인과 어린이, 알츠하이머병 환자 등에게 전문 기술까지 가르친다. 최근에는 최신 레이저까지 구입한 뒤, 가전제품을 분해해 수거한 부품을 가전업체인 자누시에 납품했다. 1998년 총 매출은 350억 리라이며, 일자리 창출형 기업이다.[32]

넷째로 '라 텐다(La Tenda)'는 1981년에 이탈리아 남부지역의 캄파냐(Campania)의 살레노(Salerno)에서 설립된 비영리 연합체이다. 활동영역은 낙후된 환경과 높은 실업률을 보이고 있는 지역에서 청년실업에 대한 문제에 대응하기 위한 활동이며, 활동목적은 등교거부, 낮은 교육수준, 그리고 약물중독 등의 사회적 문제에 당면한 청년들에게 재통합계획을 제공하는 것이다.

그리고 이러한 활동은 La Tenda가 1994년 설립한 3개의 사회적 협동조합을 통해서 수행되고 있는데, 하나는 사회복지서비스를 제공하는 사회적 협동조합, 또 하나는 스포츠와 관련한 지역행사를 주관하는 사회적 협동조합, 그리고 도자기와 타일을 생산하는 제조업의 사회적 협동조합이다.

La Tenda는 1996년과 1998년 사이에 유럽기금을 통해서 청년실업

---

32) OECD, 1999: 17; 르몽드 디플로마티크 http://ilemonde.com/news/articleView.html?idxno=387.

자들에게 상담활동, 정보제공, 직업지도, 직업훈련, 취업제공, 그리고 창업서비스 등의 다양한 지역사회 프로그램들의 통합프로젝트를 추진하였다. 활동효과는 La Tenda의 활동과 연계된 15세에서 24세의 청년들은 700~800명이고, 이들 중에서 40여 명이 La Tenda에 의해서 운영되고 있는 노동자협동조합에 채용되었다(장원봉, 2005: 157−8). La Tenda는 일자리 창출형과 서비스 제공형을 동시에 수행하는 통합형 사회적 기업 형태로 볼 수 있다.

다섯째로 'Spazio Aperto'가 있다. 이 기업은 1984년도에 장애인들의 취업기회를 마련하기 위해서 그들의 부모들과 친구들에 의해서 설립된 B 유형의 사회적 협동조합이다. 주요한 활동은 장애인들의 직업훈련을 돕거나 혹은 청소, 부품조립, 조경녹화, 자료입력, 장애인 수송, 쓰레기 정리 그리고 재활용 등의 영역에서 그들을 고용하는 것이다(장원봉, 2005: 158−9). 따라서 Spazio Aperto는 일자리 창출형 기업이다.

(3) 미국의 일자리 중심 사회적 기업 사례

미국의 사회적 기업은 주로 비영리단체가 중심이며, 활동 분야는 첫째, 일자리 창출로서, 실업자와 복지 수혜자들의 노동시장에 통합, 둘째, 서비스 제공으로서, 노인 돌보기와 '신종빈민'을 위한 새로운 서비스 제공, 셋째, 지역발전으로서, 취약한 도시와 농촌지역의 발전 등 3가지이다(OECD, 1999: 34).

대표적인 사회적 기업으로서, '루비콘 프로그램즈(Rubicon Programs Inc)'가 있다. 이 기업은 1973년 캘리포니아 주 리치몬드에서 설립되어, 호텔·리조트·공원 등의 조경, 베이커리 등을 통해 장애인과 노숙자의 자립을 지원하고 있다. 목적은 장애인, 노숙자, 또는 기타 경제적 취약계층의 삶의 질을 향상시키고 자활을 할 수 있도록 하는 것이다.

활동 분야는 조경사업과 베이커리 사업이며, 이를 위해 '루비콘 조경서비스'와 '루비콘 베이커리' 2개 회사를 운영하고 있다. 이 2개 회사를 통해 장애인, 노숙자, 빈곤층을 고용하고 있고, 주거지원이나 정신건강 치료 서비스도 병행하고 있으므로, Rubicon은 통합형 기업이라 볼 수 있다. 고용 관련 활동효과는 2006~2007년 동안 1,024명에게 근로지원프로그램을 실시하여 353명이 취업하였다.[33]

둘째로 1970년 뉴욕 버펄로에 설립된 인간적인 서비스를 제공하는 '클락슨 센터(Clarkson Center for the Human Services)'가 있다. 이 기업은 어린이와 노인을 포함하는 취약계층과 위험에 처한 사람들을 돕기 위한 비영리 단체이다.

활동 분야는 청장년들에게 직업훈련 실시와 인턴으로 일할 수 있는 기회제공, 실업자와 취약계층에게는 요식조달 훈련과정 등 직업훈련 시행이다. 1995년에는 훈련과정의 재원을 마련하기 위해 '클락슨 푸드 서비스(Clarkson Food Service)'라는 일반요식 조달회사를 설립했다.

활동효과로는, 1975년 이후 12,500명이 센터의 훈련과정에 참여하여 직업을 구했으며, 훈련을 마친 인턴과 직원들 중에서 78%가 흑인이었다. 이 센터는 이윤의 92%가량을 사회교육 활동에 재투자한다

---

33) OECD, 1999: 35; 조영복a, 2008:68-75.

(OECD, 1999: 37). 따라서 Clarkson Center는 일자리 창출형 기업으로 볼 수 있다.

셋째로 '파이오니어 휴먼 서비스(Pioneer Human Services)'가 있다. 이 기업은 미국 시애틀에서 1963년 설립된 후, 1966년 '파이오니어 인더스트리'라는 회사를 설립하여, 보잉사 협력회사로 활동하고 있다. 활동목적은 소외계층 지원으로서, 사회적응이 필요한 출소자나 장애인 등을 직접 채용해 제품을 생산하는 일자리 창출형 기업이다. 활동분야는 직업훈련, 취업, 사회상담, 주택, 약물중독 치료 등을 수행하고 있다.

현재는 하나의 기업이 아니라 12개의 사회적 기업을 운영하는 그룹으로 성장했으며, 활동효과로는 2004년 한 해 동안 8,000명 이상의 취업을 지원하고, 워싱턴 주 48개소에서 10만 명 이상의 홈리스, 전과자, 약물중독자를 치료한 바 있으며, 2007년에는 11,000명을 지원하였다.

이 기업의 특징은 수익사업으로 이익이 발생하기 때문에, 정부나 기업의 기부를 거의 받지 않는다는 점이다. 이 같은 Pioneer Human Services의 성공원인은 대표를 비롯한 기관의 간부들이 기업경영의 경험이 많을 뿐만 아니라, 사회적 기업으로서의 사명감 인식과 기업의 경영기법을 도입한 결과라고 볼 수 있다.[34]

(4) 프랑스의 서비스 중심 사회적 기업 사례

프랑스의 사회적 기업은 협동조합, 상호공제단체, 민간단체로 볼

---

34) 국정브리핑, 2006.5.15; 기획예산처, 숭실대학교, 2006: 139-140; 조영복, 2008a:54-67.

수 있다(Laville, 2001: 100). 유형별 사회적 기업의 숫자는 대략 2,000개 이상이다.[35] 예를 들어 노동시장 통합 사회적 기업의 경우 전체의 58%는 자발적 조직, 33%는 일반기업(공공 또는 민간 유한회사), 1% 는 협동조합의 형태를 띠고 있다(OECD, 1999: 22). 그리고 2003년 현재 자활조직 4,900여 개소에서 연인원 30만 명이 고용 중에 있다.

첫째로, 노동통합 기업인 '앙비(ENVIE)'가 있다. ENVIE의 활동영역은 중고 가전제품을 재활용하는 사업으로, 이전에는 존재하지 않았던 품질 좋은 중고 가전제품 시장을 개척하여, 취약계층을 취업시키는 것이다. ENVIE는 28개 이상의 지역에 기업을 설립하여 'ENVIE 네트워크'를 구축하여 운영하고 있다.

ENVIE 네트워크의 첫 번째 기업은 1985년 엠마우스 공동체의 사회적 근로자들과 지역 관리들의 주도로 스트라스부르그에 설립되었다. 뒤이어 1988년에는 전기 전자 소비재와 가전제품 판매사인 다티 프로방스(Darty Provence)의 제안에 따라 마르세유에 또 하나의 ENVIE 기업이 설립되었고, 그 후 투르와 생 떼띠엔느에도 설립되었다.

1989년에는 ENVIE 기업들의 사회적 목적과 훈련 및 통합 수준을 유지하기 위해 'ENVIE Développement'가 설립되었다. 파리에 본거지를 두고 있는 ENVIE Développement은 전략적 미래 계획에 참여하고, 리더십을 발휘하며, ENVIE 네트워크의 공통 서비스와 정규직원들에 대한 지원과 훈련을 제공한다.

1993년에는 여러 분야의 선도 기업들과의 군건한 제휴관계를 통해

---

35) 세부적으로는 EI(노동통합 기업)가 850개(1999년 기준), AI(인력파견협회)가 1천여 개(2000년 기준), RQ (지역사회 기업)이 약 130개(1999년 기준), ETTI(임시직 파견기업)이 263개(2002년 기준), GEIQ(사회통합과 훈련을 위한 사용자연합)이 100개(2003년 기준) 등이다(OECD 대표부, 2006: 13−15).

서 공공유한회사인 'SAGE(Societe anonyme de groupe ENVIE)'가 설립되어 네트워크를 강화했고, 통합 기회를 확대하기 위한 새로운 활동 분야를 찾았으며, 사회적 소외를 해결하기 위해 애쓰는 기업들의 주식을 매입했다.

활동효과를 보면, 1997년 기준으로 프랑스 전역에 25개의 ENVIE 네트워크를 포함하고 있으며, 직원 수는 550명이고 그중 400명이 취약계층이다. 1997년에는 거의 220,000개의 중고 가전제품이 수집되었으며, 연간 소득은 6,500만 프랑이고, 전체 예산이 1억 프랑 이상이었다. 12년 동안 1,600명 이상의 취약근로자들이 ENVIE의 도움으로 노동시장 복귀를 시작했다(OECD, 1999: 22-23; 조영복, 2007: 69).

둘째로 서비스에서의 대표적인 기업으로 1990년 초에 설립된 '어린이·학부모·전문가의 공동체 연합(ACCEP)'이 있다. 이 기업은 부모가 선두에 서는 보육조직으로, 일부 부모가 보육서비스를 운영 관리하며, 이들 조직은 전국적인 네트워크를 형성하고 있다(Defourny, 2006: 12). 원래 ACCEP는 1981년 설립된 '어린이·학부모 공동체 연합(ACEP)'에서 출발하였다. ACEP는 비공식적인 보육원이었으나, 그해 공식적으로 인정을 받고 '부모보육원'으로 부르게 되었다.

ACCEP의 숫자는 700개 이상이다(1994년 기준)(Laville, 2001: 125-6). 또한 가정도우미 네트워크를 구성하려는 '에트르(Etre)' 기업도 있다. Etre는 노인이나 의존적인 사람을 위한 소규모 관리센터와 연계하여 가정도우미 네트워크를 구성하려는 단체이다(Laville, 2001: 127).

앞에서 언급한 국가별 사회적 기업의 현황요약은 <표 3-8>과 같다.

〈표 3-8〉 4개국의 사회적 기업의 현황

국가	사회적 기업의 현황
영국	• 사회적 기업은 1844년 로치데일 협동조합 운동 이후 빅토리아시대를 거치며 크게 발전했으며, 역사가 오래되었고, 1980년 대처정부 이후 사회적 기업의 지속적 민영화와 분권화 진행 • 협동조합 형태와 지역사회 개발을 촉진하는 지역공동체이익회사 형태로 존재함 • 사회적 기업의 일종인 WISE는 6개의 종류이며, 일자리 창출에 주도적인 역할을 하고 있음 • 2006년 현재 55,000여 개의 기업 및 조직이 활동 중이며, 총 매출액은 270억 파운드, GDP기여도는 84억 파운드로 추정
이탈리아	• 1970년대 사회적 협동조합의 형태로 실업문제 해결과 사회서비스 부족 문제를 해결하기 위해 등장 • 협동조합 형태의 사회적 기업은 이윤에 세금을 면제하고, 조합원들의 이윤분배가 법적으로 보장되며 적은 자본으로 설립 가능한 장점 • 4,500여 개의 협동조합이 1990년대 후반에 6만 명 이상을 고용 중에 있으며, 이 중 취약계층은 2만 명 정도임 • A 유형(서비스 제공)과 B 유형(노동통합) 기업으로 나뉨
미국	• 개인주의적 전통과 1980년대 레이거노믹스 정책에 따라 민간부분의 자율성이 강화되어, 사회적 기업에 대한 국가의 간섭과 지원이 약화됨. 비영리조직들의 수익사업에 대한 별도의 법적 장치가 마련되어 있지 않음 • 주로 비영리조직과 민간단체가 운영하는 비즈니스밴처 형태로 운영되고 있으며, 사회적 기업을 이윤추구의 수단으로 인식하는 경향이 강함 • 일반기업과의 파트너십. 민간재단의 투자관점 지원 등 NGO와 민간의 협력모형이 발달되어 있음
프랑스	• 노동통합기업의 형태가 대부분이며, 2003년 현재 자활조직 4,900여 개소에서 연인원 30만 명이 고용 중 • 노동통합작업장은 민간단체가 참여자의 취업능력 제고를 위해 만든 공공작업장. 정부의 임금보조금을 활용하여 운영됨 • 근린지역을 중심으로 미충족된 사회서비스를 제공하는 사회서비스제공형 사회적 기업도 일부 존재함

자료: Aiken, 2006: 23-26; UK DTI c, 2007: 재무부장관 서문; 조영복, 2007: 49. 수정인용.

3. 한국 사회적 기업의 일반사례

(1) 한국 사회적 기업의 외적 현황

① 인증 사회적 기업의 수

한국에서도 사회적 기업이 초창기이지만 지속적으로 도입되고 있고, 관련 단체의 연구도 활발하게 진행되고 있을 뿐만 아니라 대학에서도 교육이 시행되고 있다. 한국 사회적 기업의 인증된 숫자는 300개 정도이다(2010.6. 기준). 지역별로는 전체의 44% 정도가 서울 및 경기지역 등 수도권지역에 분포하고 있으며, 지방지역은 상대적으로 열세적인 현상을 보이고 있다(2009.2. 기준). 그 이유는 지방지역에서는 사회적 기업에 대한 이해와 설립능력 부족, 그리고 사회적 기업의 판매문제가 크게 작용한 것으로 판단된다.

② 사회적 기업의 서비스 유형[36]

사회적 기업육성법에서는 사회적 기업의 서비스 유형을 10개 업종으로 구분하고 있다. 부연하면 교육, 보건, 사회복지, 환경, 문화, 보육, 예술·관광 및 운동, 산림 보전 및 관리, 간병 및 가사 지원, 기타 서비스이다(법 제2조 제3호, 영 제3조). 이 기준에 의거하여 사회적 기업을 분류하면, 제조업 등 기타 분야가 65개(30%), 사회복지 44개(20%), 환경 35개(16%), 간병·가사지원이 29개(13%)이고, 산림보전 및 관리는 아직 없다(2009.2. 기준). 그러나 실제 영업활동이 2개 업종 이상인 기업이 많다는 점을 감안하여 중복 인정한다면 현실적인 수

---

36) 이후의 현황은 2009.2. 기준임.

치는 변동이 있으리라 예상된다.

③ 사회적 기업의 조직형태

사회적 기업육성법상 조직형태는 크게 4가지로, 민법상 법인, 민법상 조합, 상법상 회사, 비영리 민간단체이다. 세부적으로는 비영리 민간단체에 공익법인, 비영리 민간단체, 사회복지법인, 생활협동조합, 다른 법률의 비영리단체 등 5가지가 있으므로 총 8가지 조직형태가 있다(법 제8조 제1항 제1호, 영 제8조 각 호).[37]

이 분류에 의한 사회적 기업의 조직형태는 상법상 회사(주식, 유한회사 포함)가 89개(41%), 민법상 법인이 52개(24%), 비영리단체가 38개(17%), 사회복지법인 28개(13%), 소비자생협 10개 순으로 다양하다.

상법상 회사가 많은 이유는 상법상 회사는 이미 마케팅 능력을 구비하고 있기 때문에 영업을 통한 판매력이 크고, 또한 기업의 이미지 제고를 위하여 기업의 사회적 책임(CSR)을 실천하는 수단으로 사회적 기업을 설립하기 때문으로 판단된다. 그리고 상법상 회사가 많다는 점은 한국의 사회적 기업도 마케팅 능력이 필요하다는 것을 예시하는 간접적인 증거이다.

④ 사회적 기업의 유급근로자 수

한국법에는 유급근로자 채용규정만 있을 뿐, 유급근로자 수에 대한 규정은 없다(법 제8조 제1항 제2호). 유급근로자 수에 대한 판단을 탄력성 있게 해석하여 사회적 기업의 진입을 유도하기 위한 정책의

---

37) 공익법인은 자체의 이익을 추구하지 아니하고 공익을 목적으로 사업을 하는 법인이다.

일환으로 판단된다. 유급근로자는 신청 시 기준으로, 218개 기관에서 총 6,565명이므로, 기관 평균 30명을 고용하고 있다(2009.2. 기준). 외국에서도 소규모 기관인 경우는 10명 정도가 근무하고 있음을 감안할 때, 결코 적은 숫자가 아니다. 또한 유급근로자가 100인 이상인 사업장이 8개, 10인 이하의 소규모 사업장이 27개로 계속 증가하리라 예상된다. 사회적 기업은 중소규모이므로 중소기업과 유사하다.

따라서 현재 사회적 기업의 10개 활동 분야를 중소기업기본법상 유급근로자 수로 살펴보면, 제조업, 보건 및 사회복지사업은 300인 미만, 예술, 스포츠 및 여가 관련 산업은 200명 미만, 하수처리, 폐기물 처리 및 환경 복원업, 교육 서비스업, 수리 및 기타 서비스업은 100명 미만이다(영 별표 1).

그러므로 사회적 기업의 유급근로자는 4단계로 제안하고자 한다. 1단계는 최소 10인 이하, 2단계는 10인 이상~50인 미만, 3단계는 50인 이상~100인 미만, 4단계는 100인 이상~300인 미만이다. 실무에서는 활동 분야별로 차이가 있으므로 적절하게 운영함이 바람직하리라 생각된다.

⑤ 사회적 기업의 사회적 목적 실현 유형

사회적 목적 실현 유형으로는 일자리 제공형이 90개(41%), 혼합형이 63개(29%), 기타 형이 35개(16%), 사회서비스 제공형이 30개(14%) 순이다. 한국에서 일자리 제공형이 많은 이유는 외국의 사회적 기업이 원래 일자리 창출을 위하여 설립된 것과 맥락을 같이하고 있다.

⑥ 사회적 기업의 재무관계

초기 단계이나 현재 한국 사회적 기업의 성장성은 매우 높은 편으로 평가되고 있다. 인증 사회적 기업의 총 매출액과 당기순이익은 2006년에 비해 각각 28배, 300배 이상 급성장했다(2007년 154개 기준).

2007년 하반기부터 사회적 기업 인증제도 시행에 따라 인증된 기업들에 대한 일부 세제혜택 외 별도의 직접 지원이 없었음을 감안한다면 자체 노력에 의해 성장했다는 중요한 의미를 갖는다. 총자산 증가율은 48.5%, 부채비율은 82.8%로 재정건전성도 양호한 편이다. 이런 의미에서 한국 사회적 기업들의 향후 성장 가능성은 밝다고 하겠다(홍석빈, 2009: 50).

(2) 내적 현황으로서 한국 사회적 기업가 인식

다음으로 한국 사회적 기업의 내적인 현황으로서, 한겨레경제연구소가 조사한 사회적 기업가의 철학과 의식을 5가지 측면에서 살펴보면 다음과 같다. 먼저 경력과 이력을 보면, 평균나이는 46세, 학력은 4년제 대학 이상이 84%, 기업가의 70% 이상이 비영리기관에서 평균 10년 근속하고 있는 것으로 파악되었다. 대학 전공별로는 프랑스와 같이 사회복지학(20.3%) 전공자가 가장 많았다(이화주, 2008).

또한 경영목표와 경영 전반에 대한 의식 수준에서 89%가 일에 만족하고 있고, 79%는 사회적 기업가와 영리기업의 경영자 사이에 분명한 차별이 있다고 보고 있다. 가장 큰 차별로는 97%가 '기업활동을 통해 사회적 가치를 추구한다'는 점을 들고 있다. 또한 이들은 영리기업 경영자와 마찬가지로 경쟁방식과 시장경제를 토대로 한 사회적 기업의 운영 방식에 수익성이 중요하다고 인식하고 있으며, 수익조건으로 94%가 '독자적인 비즈니스 모델 발굴'이라고 대답하여 기업가의 정신도 보유하고 있는 것으로 조사되었다(최우성, 2008).

그리고 자질 측면에서 바람직한 리더십 유형으로는 '의지와 인간적 겸허함을 겸비한 리더'라는 응답이 65%이고, 역할 측면에서 추구하는 리더십 유형은 68%가 '비전 제시' 항목을 선택하여 '미래지향형 리더'를 추구하는 경향을 보이고 있다(이화주, 2008). 윤리경영의식 차원에서는 사회적 기업이 추구하는 가치로 65.0%가 '취약계층의 일자리 지원'을 선택하고 있다. 이러한 가치는 인사채용에서도 그대로 반영되어 '효율성을 위해 능력 위주로 직원채용'의 의견이 28%인 반면, '생산성이 다소 떨어지더라도 사회적 약자 계층을 우선적으로 배려'라는 의견이 70%였다(최우성, 2008).

마지막으로 사회적 기업에 대한 정보 면에서, 기업운영비 조달은 자체 사업 이외에 정부후원 등 다양한 종류의 후원을 받고 있어 자립 수준에는 미달하는 것으로 보이고 있다. 이는 41%가 기업운영의 대표적인 어려움으로 '자금 문제'라고 응답한 것으로 알 수 있다. 그런 이유로 기업가의 94%가 경영 컨설팅에 대한 필요성을 느끼고 있고, 각종 교육이나 연수 제도의 필요성을 강조한 응답자도 89%이다. 교육이나 연수 제도로는 57%가 마케팅과 사업기획 분야를 요구하고 있다(이현숙, 2008). 이는 사회적 일자리 창출사업에 참여한 기관도 사회적 기업으로 전환하기 위해서는 일차적으로 자금지원, 이차적으로는 경영지원이 필요하다는 의견과 맥락을 같이한다(실업극복국민재단 함께일하는사회, 2008: 39).

이와 같이 사회적 기업가 중 사회복지학 전공자가 많은 점은 사회복지에서도 사회적 기업을 연구할 필요성이 있다는 점을 시사하며, 경영지원과 독자적인 비즈니스 모델 발굴이 필요하다는 욕구는 사회적 기업에서도 반드시 복지마케팅이나 경영기법도 갖추어야 함을 의미한다.

(3) 예비 사회적 기업의 현황과 내용

앞에서는 인증된 사회적 기업의 현황을 살펴보았다. 여기서는 현재는 사회적 기업이 아니나 사회적 기업의 전(前) 단계로서, 앞으로 사회적 기업으로 인증이 가능한 '예비 사회적 기업'의 현황(74개)을 살펴보기로 한다.[38] 그 이유는 예비 사회적 기업의 현황을 살펴봄으로써, 한국 사회적 기업들의 향후 현황 예상 즉, 증가 예상 수와 성장 가능성 유무 등을 예측할 수 있기 때문이다.

① 사업 개시 연도와 지역

우선 사회서비스사업 개시 연도는 2000년 이후이고, 주 사업장은 지역적으로 고르게 분포하고 있다. 인증된 사회적 기업의 지역은 전체의 44% 정도가 서울 및 경기지역 등 수도권지역에 분포하고 있으나, 예비 사회적 기업은 31%가 서울 및 경기지역 등 수도권지역에 분포하고 있어 지역적으로 고르게 분포하고 있다는 것을 알 수 있다. 주 사업장이 지역적으로 고르게 분포하고 있다는 의미는 향후 인증

---

38) 이 부분에서 예비적 사회적 기업의 현황은 노동부 연구용역과제에서 사회적 기업의 정의나 사회적 기업 육성법 제정의 취지에 부합된다고 예상되는 기관과 그러한 사업을 시행했던 기관 712개를 대상으로 한 조사에서 회수된 74건의 연구결과를 인용하였다(노동부 a, 2007 참조). 미제출기관은 사회적 기업에 부정적 또는 관심이 없거나, 사회적 기업으로 전환할 능력 등이 없는 기관으로, 아직은 아들을 예비 사회적 기업의 범주로 포함할 단계는 아니라고 판단된다.

된 사회적 기업도 지역적으로 고르게 분포할 수 있다는 가능성이 있다는 의미로, 사회적 기업의 지역편중의 문제를 해결할 수 있다는 청신호이기도 하다.

② 사업영역

인증된 사회적 기업의 사업영역은 기타 분야 65개(30%), 사회복지 44개(20%), 환경 35개(16%), 간병·가사지원이 29개(13%)이지만, 예비 사회적 기업은 사회복지가 27개(36%), 복수사업이 21개(28%), 보건이 13개(18%), 교육이 6개(8%), 환경이 5개(7%), 보육서비스와 문화는 각각 1개이다. 따라서 예비 사회적 기업에서 사회복지 분야가 많다는 것은, 향후에는 인증된 사회적 기업에서도 사회복지 분야가 증가하리라는 예측을 뒷받침하고 있다. 또한 보건과 교육 분야도 사회적 기업으로 진출하리라는 예상도 가능하다.

③ 근로자 수

인증된 사회적 기업의 유급근로자는 기관 평균 30명이고, 100인 이상인 사업장이 8개, 10인 이하의 소규모 사업장이 27개이다. 반면, 예비 사회적 기업의 근로자는 50인 이상이 25개(34%), 11~15인이 18개 (24%), 6~10인이 15개(20%), 20~50인이 13개(18%), 5인 이하 2개 (3%)이다. 예비 사회적 기업 중 50인 이상이 많으므로 인증된 사회적 기업의 유급근로자의 평균 숫자도 점증적으로 증가하리라 판단되나, 정책적으로 10인 이하의 기업을 인정하는 경우에는 유동적이라 생각된다.

④ 연간 매출규모

예비 사회적 기업의 연간 매출규모는 5,000만 원 미만이 24개(33%), 1억 원~5억 원 미만이 21개(28%), 5,000만 원~1억 원 미만이 14개(19%), 10억 원 이상이 8개(11%)이다. 연 매출 1억 미만이 50% 이상이므로 아직도 예비 사회적 기업은 영세한 규모로 사업을 시행하고 있으며, 이 같은 수치는 향후에도 제품이나 서비스 판로 확보와 마케팅 능력 강화가 필요함을 간접적으로 시사해 주고 있다.

특히, 공공기관과의 사업거래를 살펴보면, 예비 사회적 기업의 22(30%)가 공공기관과 전혀 거래가 없기 때문에, 앞으로는 공공기관에 대해서도 사회적 기업이나 예비 사회적 기업에 대한 홍보가 지속적으로 필요하다. 또한 공공기관과의 사업거래가 있는 예비 사회적 기업의 거래항목도 기본적인 서비스 거래 수준으로, 전문적이거나 특화된 사업거래는 없다. 따라서 예비 사회적 기업도 마케팅의 4P 중 제품 개발 측면인 제품이나, 용역 및 서비스를 강화해야 한다. 거래현황은 <표 3-9> 참조.

〈표 3-9〉 한국의 예비 사회적 기업과 공공기관과의 거래현황

거래구분	거래내용
1. 일반적인 상품 및 서비스 구매	문화 교육사업, 기관지 우편물 발송, 근조화 구매, 저소득 재가노인 및 결식아동 도시락 배달, 노인 돌보미 바우처, 장애인활동보조인 사업 등
2. 수의계약을 통한 우선구매	재활용품 등 우선계약, 우선구매 등
3. 사회서비스 사업의 위탁	자활근로사업위탁, 아동 돌보미, 국비무료훈련, 교육위탁사업 등의 사업 운영비 및 인건비
4. 사회적 일자리 창출 사업 관련	인건비, 사회보험료

자료: 노동부 a, 2007: 146. 수정인용.

⑤ 조직형태

인증된 사회적 기업의 조직형태는 상법상 회사가 89개(41%), 민법상 법인이 52개(24%), 비영리단체가 38개(17%), 사회복지법인 28개(13%), 소비자생협 10개 순이다. 그러나 예비 사회적 기업의 조직형태는 사회복지법인이 28개(38%), 비영리 민간단체(비영리법인 포함)가 26개(35%), 민법상 법인이 14개(19%), 기타 5개(7%), 협동조합 1개(1%)로 나타났고, 공익법인이나 주식회사는 없었다. 따라서 예비 사회적 기업에는 사회복지법인과 비영리 민간단체의 비율이 높으므로 향후에는 이들의 증가가 예상된다.

⑥ 사회적 목적 실현 유형

인증된 사회적 기업의 사회적 목적은 일자리 제공형이 90개(41%), 혼합형이 63개(29%), 기타 형이 35개(16%), 사회서비스 제공형이 30개(14%) 순이다. 반면, 예비 사회적 기업들이 지향하는 유형은 혼합형이 47%, 일자리 창출형이 18%, 사회적 서비스 제공형이 17%이다. 세부적으로는 환경 분야의 업체들은 대다수가 일자리 창출형을 택하고 있으며, 문화 분야는 사회적 서비스 제공형을, 혼합형은 교육, 보건, 사회복지, 보육 서비스의 분야를 택하고 있다.

결론적으로 각 단체들이 지향하고 있는 사회적 기업의 형태는 매출 규모에 상관없이 혼합형이 38~50%로 가장 높은 비율을 차지하고 있는 것으로 나타났다. 이같이 예비 사회적 기업들이 혼합형을 선호하는 이유는 일자리 창출과 서비스 제공이라는 사업 다각화를 통해 조직을 유지하려는 의도로 해석될 수 있고, 따라서 향후 사회적 기업은 혼합형이 증가되리라 예상된다.

⑦ 사회적 기업에 대한 인식

먼저, 예비 사회적 기업의 80% 이상이 현재 자신의 단체가 시행 중인 사회서비스 사업이 사회적 기업의 정의와 '매우 부합' 혹은 '부합'한다고 생각하고 있다. 따라서 77%가 차후 인증받을 계획이거나, 현재 인증 추진 중에 있다.

이와 같이 예비 사회적 기업의 77%가 사회적 기업으로 전환을 꾀하고 있다는 사실은, 예비 사회적 기업이 앞으로 사회적 기업으로 전환할 가능성이 높다는 것을 의미하고, 동시에 본 연구에서 사회적 기업 유형하나로 예비 사회적 기업을 채택한 이유를 밝혀 주는 중요한 근거가 되는 것이다.

다음으로 사회적 기업으로 추진하는 데 있어 가장 어려웠던 점이나 혹은 향후 추진 시 가장 어려울 것으로 예상되는 점은 첫째, 정부 부처 간 중복사업 시 인증의 애로가 20%, 둘째, 지자체 및 기업과의 연대의 애로가 20%, 셋째, 인증요건에 맞추기 어려움이 16%였다.

첫째의 정부 부처 간 중복사업 시 인증문제는 정부 부처 간 협의로 해결이 가능할 것으로 판단되나, 둘째의 지자체 및 기업과의 연대문제는 이들 단체에 대한 홍보 필요성과 예비 사회적 기업의 마케팅 역량을 강화할 필요가 있다고 사료된다. 셋째의 인증요건 문제는 예비 사회적 기업의 내부역량과 마케팅 역량을 강화해야 할 문제이다.

우선 둘째의 예로는 예비적 사회적 기업 중에서 연 매출액이 1억~5억원 미만과 10억원 이상인 기업에서 지자체 및 기업 간 연대의 어려움이 가장 높게 나타나고 있다.

다음 셋째의 예로는 연 매출액이 5천만 원 미만과 1억 원 미만인 기업에서 인증요건 문제가 가장 큰 문제라고 언급하고 있는 점으로,

그 이유는 이 기업군이 기본적인 서류작성 능력조차 부족하기 때문이다. 특히 사회적 기업의 불인증 사유로 정관·규정 등의 미비가 비교적 높게 나타난 점도 이를 증명하고 있다(조영복 b, 2008).

그리고 예비 사회적 기업들은 사회적 기업의 인증효과로 재정적 지원과 인건비 지원을 기대하고 있다. 또한 사회적 기업으로 운영하는 경우 애로사항은 저임금 및 장시간 노동이 36%, 지원되는 예산 부족이 34%, 참여자의 자활의지 부족이 24%, 사업의 시장성 부족이 20%, 사회적 기업육성법의 법 규정과 운영진의 경영마인드 부족이 각각 18%, 기술부족이 11%, 소비자의 편견이 8%로 나타났다.

⑧ 예비 사회적 기업에 대한 소결

예비 사회적 기업에 대한 조사 결과는 첫째로 예비 사회적 기업이 앞으로 사회적 기업으로 전환할 가능성이 높고, 사회적 기업의 지역 편중의 문제를 해결할 수 있다는 청신호가 있다는 점, 둘째로 사업영역은 사회복지 분야가 증가하고, 또한 보건과 교육 분야도 진출이 예상된다는 점, 셋째로 사회복지법인과 비영리 민간단체의 증가가 예상, 넷째로 혼합형의 사회적 기업이 우세할 것이라는 점 등을 들 수 있다.

제 4 장

한국 사회적 기업의 모형 개발

제1절 외국 사회적 기업의 유형

1. 외국 사회적 기업의 유형 연구

(1) 사회적 기업 유형 연구의 필요성

3장에서는 국가별 사회적 기업의 사례를 설명함으로써, 기업의 역할이 일자리 창출형 또는 서비스 제공형이나 통합형 등 어느 부분에 중점을 두고 있는지를 파악하였다. 그 이유는 이 장에서 한국 사회적 기업의 모형을 도출하기 위한 기초적인 근거로 사용할 수 있기 때문이다. 여기에서는 사회적 기업의 유형을 개관하여 살펴보고자 한다. 이는 사회적 기업의 유형 연구를 통하여 본 논고의 모형 연구의 초점을 정확히 할 수 있고, 본 논고에서 제시하지 못한 사회적 기업의 유형 연구의 범위를 향후 연구과제로 제시할 수 있기 때문이다.

사회적 기업의 유형은 관점에 따라 다양하게 분류할 수 있다. 즉, 첫째, 목적에 따라 서비스 중심 또는 일자리 창출 관점으로 본 분류, 둘째, 정부지원 형태에 따른 정부 지원형 혹은 독립형 구분, 셋째, 경제적 활동과 사회적 활동의 통합 정도에 따른 분류, 넷째, 영리성 유무에 따라 영리, 비영리, 혼합형 분류, 다섯째, 조직형태에 따라서도 주식회사, 비영리법인, 혹은 다른 조직형태 등 구분, 여섯째, 운영 모델에 따른 분류, 일곱째, 협력체계에 따라 자활공동체형, 대기업 지원형, 협동조합형, 복지기관중심 종합생활지원, NGO 주도-지자체-기업연계형, 지자체 주도-NGO 협력형이 있다.

　세부적으로 보면, 목표에 따라 노동통합형, 사회통합형, 혼합방식형이 있다. 노동통합형은 취약계층에게 일자리를 제공하는 형태이고, 사회통합형은 공공기관이 제공하지 못하는 서비스를 제공하거나 공공기관이 제공하는 서비스의 대상에서 제외된 사람에게 서비스를 제공하는 기업을 말한다. 혼합방식형은 노동통합형과 사회통합형의 혼합 형태이다(Defourny, 2001: 4-5; OECD 대표부, 2006: 6; 임혁백 외, 2007: 56-7).

　유럽은 보통 사회적 기업의 유형을 3개의 범주로 구분하여 협동조합(cooperative enterprises), 상호공제조합(mutual societies), 민간단체(organizations)로 구분하고 있다(Defourny, 2001: 4-5; OECD, 1999).

　또한 사회적 기업의 사명지향 정도에 따라 구분하기도 한다(Sutia Kim Alter, 2004: 16-18). 사명지향 정도(Mission Orientation)는 사회적 기업이 사명동기와 이윤동기 중 어느 부분에 중점을 두는가에 따라 '사명 중심형', '사명 관련형', '사명과 무관한 형'이 있다. 사명 중심형(Mission-Centric)은 기업이 사회적 사명을 위해 존재하는 것으로,

그 예로는 사회적 약자에 대해 일자리를 창출하는 조직이나 소규모 기관이 있다. 사명 관련형(Mission-Related)은 기업이 사회적 사명이나 핵심 사회적 서비스에 관련이 있는 것으로, 그 예로는 보호 프로그램에 등록한 저소득 가정의 아이들에게 무료 급식을 제공하는 가족 서비스 조직이다. 사명과 무관한 형(Unrelated to Mission)은 이윤을 추구하는 조직이다.

사업(영리적 수익활동)과 프로그램의 통합 정도에 의한 구분으로, '내재형', '통합형', '외재형'이 있다(Sutia Kim Alter, 2004: 19-24). 내재형 사회적 기업(Embedded)은 사회적 사명이 사업의 주된 목적이므로, 영리적 수익활동과 프로그램이 하나이며 동시에 이루어진다. 통합형(Integrated)은 영리적 수익활동과 프로그램이 중첩되는 형태로서, 비용과 자산을 공유한다. 외재형(External)은 영리적 수익활동과 프로그램이 분리되어 있고, 영리적 수익활동에서 프로그램을 지원하는 형태이다(그림 4-1).

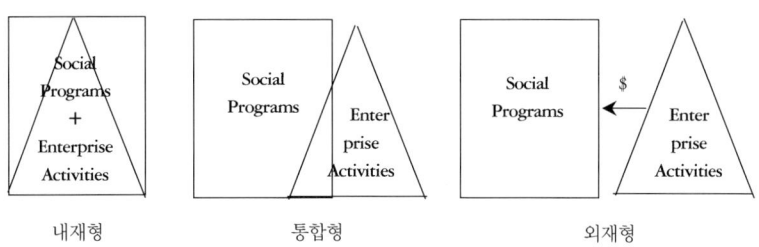

자료: Sutia Kim Alter, 2004: 19.

〈그림 4-1〉 사업(영리적 수익활동)과 프로그램의 통합 정도

사회적 기업을 사회복지 모델과 연결시켜, 사회민주주의 모델(스웨덴), 조합주의 모델(독일), 자유주의 모델(영국), 제3부문 지배적 모델(이탈리아)로 분류한 예도 있다(장원봉, 2005).

국가별 사회적 기업의 조직 유형을 보면, 영국의 경우 사회적 기업 전문지원기관인 SEL(Social Enterprise London)이 구분한 조직 유형은 <표 4-1>과 같다. 특이한 것은 광의의 협동조합 부문이 노동자협동조합, 협동조합, 신용협동조합으로 구분되어 유형화된다는 점이다. 이는 전체 협동조합 중에서 사회적 기업에 대한 노동자협동조합의 중요한 기여를 반영하고 있는 것이다.

〈표 4-1〉 영국 사회적 기업의 조직 유형

형태	개념 정의
노동자소유기업 employee owner business	노동자들이 새로운 기업을 설립하거나 기존의 기업을 구입하여 공공의 목적을 추구하는 기업
협동조합 co-operatives	조합원 모두가 혜택을 받을 수 있는 서비스를 공유하기 위해 만들어진 조직
신용협동조합 credit union	조합원들이 돈을 저축하고 빌리는 것을 돕기 위해 설립된 협동조합
개발신탁 development trusts	특정 지역이나 공동체의 재개발을 위해 지역공동체 지방정부, 기업 등의 파트너십에 의해 형성된 조직
지역공동체 기업 community business	지역주민의 자립을 위한 일자리 창출과 지역개발을 목적으로 지역공동체에 의해 설립된 기업
사회적 회사 social firms	장애인 등 노동시장에서 불리한 조건을 가진 사람들을 고용하기 위해 설립된 기업
노동중계시장 프로젝트 intermediate labour-market organization	장기실업자들을 대상으로 훈련과 구직활동, 유급고용을 창출하기 위한 프로젝트를 수행하고자 결성된 조직
자선단체 부설사업체 charity trading arms	자선조직의 일부가 기업적인 방법을 도입하여 그들의 사회적 목적을 달성하고자 형성된 조직

자료: 노동부 a, 2007: 6.

스웨덴은 사회적 기업들을 집합적으로 'folkroelse(대중운동)'이라고 지칭한다. 여기에 속하는 단체들은 다른 선진국과 그 형태가 매우 다르며 전통적인 협동조합, 대중운동, 비영리 단체 그리고 주로 복지 서비스를 제공하는 새로운 협동조합이 있다(OECD, 1999: 30-31).

이탈리아는 사회적 기업으로 사회적 협동조합이 대표적이다. 이 조직 모델은 지역사회의 발전과 신뢰, 사회적 자본, 민주주의, 복지 서비스 생산과 제공을 통해 사회적 기업이 만들어 낼 수 있는 가장 진화된 모델로 평가된다(노동부 a, 2007: 15-16).

독일의 유형은 '사회적 고용 이니셔티브'와 '동독의 고용창출을 위한 민간단체', '기업형태의 사회적 기업'으로 대별할 수 있다. '사회적 고용 이니셔티브'는 훈련과 단기취업을 위한 일자리를 만드는 기업이다. '기업형태의 사회적 기업'은 기존의 기업에 장기 실업자를 위한 일자리를 창출하는 유형과 새로운 기업을 설립해 장기 실업자가 일정비율을 점유하게 하는 형태가 있다(Adalbert Evers & Matthias Schulze-Bőnig, 2001: 125-129).

미국의 사회적 기업 유형은 전통적 영리기관에서 전통적 기업까지 다양하다. 그리고 사회적 기업을 운영할 전문가를 양성하기 위해 관련 기관에서 교육훈련 프로그램을 제공하여 사회적 기업 CEO나 간부들의 리더십을 높이고 네트워크를 강화할 수 있도록 하고 있다. 또한 대학에서도 사회적 기업 연구 및 교육 프로그램을 제공하고 있으며, 그 예로는 하버드, 스탠포드, 예일대학 등이 있다.

한국의 경우에도 몇 가지 유형이 있다. 첫째로, 사회적 기업을 연혁에 따라 전통적 사회적 기업과 새로운 사회적 기업으로 분류한 경우이다(엄형식, 2008: 123). 전통적 사회적 기업은 전통적 협동조합으로서, 그 예는 농협, 수협, 산림조합, 새마을 금고, 신협 등을 들고 있다. 새로운 사회적 기업은 민간단체, 새로운 협동조합(소비자 생협, 노동자협동조합), 사회적 기업 등이다. 이 유형은 사회적 기업을 시간의 변화에 따른 발생순서로 나열한 것으로, 사회적 기업의 미래 진행 상황을 제시하는 측면이 부족하다고 판단된다.

둘째로, 사회적 기업을 발생 원인이나 연계 형태별로 구별한 경우이다(노동부 a, 2007: 65-68). 발생 원인으로는 자활공동체형, 대기업 지원형, 협동조합형, 복지기관중심 종합생활지원이 있다. 그리고 자활공동체형의 향후 발전 모형으로 기업연계형, 지자체 연계형, 통합형, 주식회사형을 제시하고 있다. 연계 형태별로는 NGO 주도-지자체-기업연계형, 지자체 주도-NGO 협력형을 제시하고 있다.[39]

이 분류는 사회적 기업의 모태가 되는 조직을 열거하여 향후 모태가 되는 조직에 대한 정책의 입안에 도움이 될 수 있다는 장점이 있으나, 현재 한국에서는 거의 모든 조직이 사회적 기업으로 변화할 수 있다는 점을 고려할 때, 이 연구처럼 자활공동체만을 강조할 것이 아니라 앞으로 모든 조직으로 확대하여 계속 연구할 과제로 생각된다.

셋째로, 사회적 기업의 성격·형태·포괄 대상에 따라 공공부조형, 지역사회친화형, 시장친화형으로 유형화한 사례도 있다(김경휘·반정호, 2006: 44-47). 공공부조형(Public Assistance Type, PAT)은 단순히 빈곤층에 대한 시혜적 성격의 사회적 기업으로, 그 예는 자활사업의 자활공동체를 들고 있다. 지역사회친화형(Local Friendly Type, LFT)은

---

39) NGO 주도-지자체-기업연계형은 NGO가 사업을 주도하고, 지자체는 토지 등을 제공, 기업은 사업비용과 기술 등을 지원하는 모델임. 지자체 주도-NGO 협력형은 지자체가 사업비 부담, NGO가 사무국을 맡으며 노동부의 인건비 보조로 사회적 기업을 운영하는 모델임.

유럽적 관점에서 사회적 목적을 갖고, 개인 및 지역사회의 발전을 위한 역할을 담당하는 것으로 정의할 수 있는 사회적 기업이다. 시장친화형(Market Friendly Type, MFT)은 미국 입장에서 본 대부분 비영리 조직으로 정의되는 사회적 기업을 말한다.

이 연구는 사회복지의 공통목적인 빈곤해소를 위한 형태, 그리고 유럽과 미국에서의 사회적 기업 유형을 추출하여 한국의 유형으로 소개한 점이 특징이나, 본 논고의 한국형 사회적 기업의 연구 유형으로 적용하기에는 부족하다고 판단된다. 그 이유는 본서는 사회적 기업의 유형을 사회적 기업 이전 단계에서부터 향후 미래단계까지 제시함을 목적으로 하기 때문이다.

넷째로, 현행 사회적 기업육성법에 의거하여 사회적 기업은 4유형 즉, '일자리 제공형', '사회서비스 제공형', '지역사회 공헌형', '혼합형'이 시행되고 있다(노동부, 2008: 4).

전술한 내용 이외에도 한국 사회적 기업에 대한 유형은 조직형태에 따라서도 민법상 법인이나 조합, 상법상 회사 또는 비영리 민간단체로 구분할 수 있고(법 제8조 제1항 1호), 정부 지원 형태에 따라 정부 지원형인가, 혹은 독립형인가로 나눌 수 있어 여러 가지 분류 기준이 있을 수 있다.

(2) 사회적 기업에 대한 본서의 초점

본서에서는 외국의 사회적 기업 유형 중에서 한국 사회적 기업에 필요한 유형으로 노동통합형(일자리 창출형), 사회통합형(서비스 제공형), 혼합방식형(통합형) 등 3가지를 채택하고자 한다. 그리고 용어의 개념도 노동통합형은 일자리 창출형 의미로, 사회통합형은 서비스 제공형으로, 혼합방식형은 통합형으로 사용하고자 한다.

3가지 유형을 채택한 이유는 첫째로 외국 사회적 기업의 탄생 배경이 일자리 창출과 유지, 부족한 사회 서비스 제공 등에 있기 때문이다. 이러한 역사적인 배경은 한국에서 사회적 기업이 주목받고 있는 이유이기도 하다. 과거 한국에서도 보건복지가족부 주관으로 공공근로, 자활 등 정부재정지원에 의한 일자리가 확대되었으나, 안정적인 일자리로 연결되지 못하였고, 그 후 노동부의 사회적 일자리 사업도 국가 재정지원 의존도가 높고, 단기·저임금 일자리가 다수를 차지하는 등 근본적인 개선이 필요하였다.

그 과정에서 기업연계형 모델이 사회적 일자리 사업에서 수익을 창출하고 자립을 도모할 수 있는 모델로서 성과를 거둠으로써, 비영리법인·단체 등 제3섹터를 활용한 안정적 일자리 창출 및 양질의 사회서비스 제공 모델로서 사회적 기업 도입논의가 구체화된 것이다(노동부, 2008: 1).

둘째의 이유로는 외국의 사회적 기업은 초기에는 실업자와 취약계층을 위한 노동통합 사회적 기업으로 시작하여, 서비스 전달을 통한 사회통합형(서비스 제공형) 사회적 기업으로 발전하였고, 그 후에는 혼합방식형으로 전개된 점이다(엄형식, 2008: 311). 이 같은 연혁은 본서에서 한국 사회적 기업의 전개과정에서도 활용될 수 있다.

세부적으로 살펴보면, 영국의 경우에는 정책이 일자리 창출을 중심으로 전개되고 있고, 노동통합을 위하여 활동하고 있는 노동통합 사회적 기업(WISE)의 종류도 다양하다(Aiken, 2006: 24-5).

그리고 이탈리아에서는 실업문제가 심각했던 1970년대 말에 사회적 기업인 사회적 협동조합이 시작된 점은, 사회적 기업의 시작이 노동통합적이라는 점을 시사하고 있다(조영복, 2007: 50).

또한 미국에서도 사회적 기업이 1970년대에 소외계층에 대한 일자리 창출의 방안으로 시작되었다는 점은, 미국 사회적 기업의 시작이 노동통합적 사회적 기업이라는 점을 설명하고 있다(조영복, 2007: 81).

마지막으로 프랑스에서도 1980년대 초 고용문제가 심화되자 취약계층의 일자리 마련을 위하여 다양한 사회적 기업의 운영이 시도된 점도, 사회적 기업의 시작은 노동통합이라는 점을 명시하고 있다(조영복, 2007: 64-5).

셋째 이유로는 이 분류는 현행 한국 사회적 기업육성법상 사회적 기업 분류기준과 유사하다는 점에서, 실무적으로 적용이 편리한 점도 있다는 점이다. 사회적 기업육성법규정에 의거하여 사회적 기업은 4유형 즉, '일자리 제공형', '사회서비스 제공형', '지역사회 공헌형', '혼합형'이 시행되고 있다(노동부, 2008: 4).

먼저 I유형(일자리 제공형)은 취약계층 일자리 제공이 주된 목적이며, 부수적으로 취약계층에게 사회서비스를 제공하는 형으로, 항구적 일자리형(장애인보호작업장 등)과 경과적 일자리형으로 구분한다.

II유형(사회서비스 제공형)은 취약계층 사회서비스 제공이 주된 목적이며, 부수적으로 취약계층에게 일자리를 제공하는 형이다.

III유형(혼합형)은 취약계층에게 일자리와 사회서비스를 함께 제공하나, I · II유형에 비하여 시장성이 높은 유형을 말한다.

IV유형(지역사회 공헌형)은 취약계층에게 일자리나 사회서비스를 제공하는 것이 주된 목적은 아니나, 환경, 문화, 지역개발 등 지역사회 내 일반주민을 수혜자로 하는 공익사업을 수행하는 유형이다(그림

4-3). 이 같은 분류는 유럽의 사회적 기업 유형을 상당히 반영한 유형으로 판단된다. 그러나 사회적 기업 이전 단계인 예비적 사회적 기업에 대한 규정이 없어 법령미비로 생각된다. 그 이유는 한국은 외국과 달리 사회적 기업의 연혁이 짧아 단기간에 소기의 성과를 달성하려면, 예비적 사회적 기업에 대한 지원책도 법령에 명시하는 것이 보다 합당하다고 생각되기 때문이다.

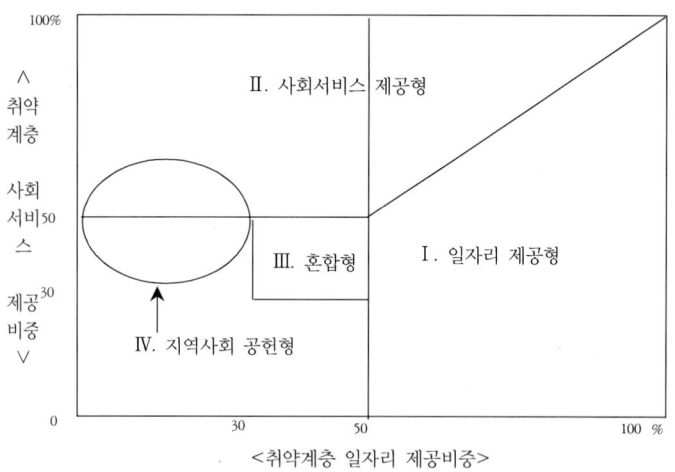

자료: 노동부, 2008: 4.
설명: 숫자는 %임. 숫자의 기준은 사회적 기업육성법 제8조 제1항 3호, 시행령 제9조 제1항에 의한 판단기준임.

〈그림 4-2〉 한국 사회적 기업육성법상 사회적 기업의 유형

넷째 이유로는 각국에서 현재 활동 중인 사회적 기업의 중점 유형도 본고가 채택하려는 노동통합형(일자리 창출형), 사회통합형(서비스 제공형), 혼합방식형(통합형)과 밀접한 관계가 있기 때문이다. 여

기서 사회적 기업의 중점 유형이란 사회적 기업들의 조직 유형이 중점적으로 활동하고 있는 분야로 정의하고자 한다. 이는 후술한다. 또한 본 연구에서는 사회통합형(서비스 제공형)의 개념을 서비스 제공의 의미로 사용하고자 한다.

2. 국가별 사회적 기업의 중점 유형

(1) 영국 사회적 기업의 중점 유형

3장에서는 국가별로 사회적 기업별 활동 분야 등을 고찰하였다. 여기에서는 사회적 기업의 조직 유형이 중점적으로 활동하고 있는 분야를 '중점 유형'으로 보고, 그 중점 유형을 살피고자 한다. 영국은 조직 유형 측면에서 전통적으로 사회적 기업이 협동조합, 공제조직, 자생적 조직에서 파생되어 왔다고 볼 수 있다. 협동조합은 소비협동조합, 농업협동조합, 보험협동조합으로 구성되었으나, 최근에는 노동자협동조합, 사회적 협동조합이 새로운 협동조합으로 대두되었다. 따라서 새로운 사회적 기업은 신협동조합(노동자협동조합, 사회적 협동조합 등), 상품거래에 종사하는 자선조직, 중간노동시장 조직, 지역사회 조직 등이다(Spear, 2001: 253-7).

전술한 조직 유형의 사회적 기업들은 활동 분야를 노동통합형(일자리 창출형), 사회통합형(서비스 제공형)으로 볼 수 있다. 먼저, 노동통합형(일자리 창출형)으로는 노동통합형(일자리 창출형) 사회적 기업(WISE)이 대표적이다. WISE에는 6개의 종류로서, 새로운 형태의 노동자협동조합, 지역사회 공동체 비즈니스, 중간 노동시장 조직, 사회적 회사, 자원봉사조직, 사회적 기업의 일부로 노동통합이 되어 있는 조직이 있다. 그리고 WISE는 제3장에서 설명한 바와 같이 취약계층 일자리 창출 분야에서 놀라운 성과를 보여 주고 있다(Aiken, 2006: 25). 상세한 내용은 <표 4-2> 참조.

〈표 4-2〉 영국 WISE의 취약계층 일자리 창출 효과

구분	일자리 창출 효과 등	기준 연도
노동자협동조합	−조합 수: 419개 추정(2002년) −일자리 창출: 10,000개(1988~1992년)	2002년
지역사회 공동체 비즈니스	−수: 400개 −일자리 창출: 3,500개 추정	1995년
중간 노동시장 조직	−모델 수: 65개 프로그램 −일자리 창출: 5,300개	2000년 연구기준
사회적 회사	−수: 약 38개 −일자리 창출: 각각 약 10명의 인원	2002년

자료: Aiken, 2006: 25.

또한 사회통합형(서비스 제공형)으로 50개 가정간호 협동조합이 활동하고 있으며, 간호요원은 각각 평균 30명, 대표적인 곳으로 웰셀과 레킨 가정간호 협동조합이 있다(Spear, 2001: 262-6).

결론적으로 영국의 사회적 기업 중점 유형은 일자리 창출을 위한 노동통합형(일자리 창출형)과 서비스 제공의 사회통합형(서비스 제공형) 사회적 기업으로 볼 수 있다.

(2) 이탈리아 사회적 기업의 중점 유형

이탈리아의 대표적인 사회적 기업은 전술한 바와 같이 사회적 협동조합(social co-operative)으로 일자리를 가장 많이 창출하는 부문 중 하나이다. 이러한 사회적 협동조합이 중점적으로 활동하고 있는 형은 A 유형과 B 유형으로서, 전자는 사회적 서비스를 제공하는 사회통합형이고, 후자는 취약계층에게 일자리를 공급하는 노동통합의 기능을 수행하고 있다. 그러나 A 유형과 B 유형의 혼합형은 그 수가 적은 규모이다.

결론적으로 이탈리아 사회적 기업의 중점 유형은 사회통합형(서비스 제공형), 노동통합형(일자리 창출형), 혼합형(통합형)이라고 볼 수 있다.

중점 유형별 숫자와 고용인원의 현황을 살펴보면, 2004년 말 기준으로 약 7,000개이고, A 유형이 4,026개, B 유형이 2,459개, 혼합형 등은 377개이다. 활동인원은 회원이 267,000명, 유급직원은 223,000명, 자원봉사자 31,000명, 취약계층 24,000명이 일하고 있다.

따라서 일자리 창출은 7,000개 사회적 협동조합에서의 유급직원과 취약계층을 합하여 대략 25만 명이다(Loss, 2006: 33-35). 2009년 추정으로는 약 1만 8600여 협동조합에서 40만 명가량이 일하고 있다.[40] 세부적으로는 <표 4-3>과 같다.

---

40) 르몽드 디플로마티크 http://ilemonde.com/news/articleView.html?idxno=387.

〈표 4-3〉 이탈리아 사회적 기업의 중점 유형과 효과

구분 및 연도	2004년 말 기준		2009년 추정	
	숫자(개)	고용효과(명)	숫자(개)	고용효과(명)
A 유형	4,026(59%)	- 회원: 267,000 - 유급직원: 223,000 - 자원봉사자: 31,000 - 취약계층: 24,000		
B 유형	2,459(33%)			
혼합형 등	377(8%)			
소계	7,000(100%)	약 250,000	18,600	약 400,000

자료: Loss, 2006:33-35; http://ilemonde.com/news/articleView.html?idxno=387에서 재구성함.

(3) 미국 사회적 기업의 중점 유형

미국의 사회적 기업도 중점적으로 활동하고 있는 중점 유형이 노동통합형(일자리 창출형), 사회통합형(서비스 제공형), 지역발전형이다(OECD, 1999: 34). 노동통합형(일자리 창출형)은 일자리 창출로서, 실업자와 복지 수혜자들을 노동시장에 통합하는 것이고, 사회통합형(서비스 제공형)은 서비스 제공으로서, 노인 돌보기와 '신종빈민'을 위한 새로운 서비스 제공을 의미한다.

미국의 사회적 기업 형태를 영리와 비영리, 혼합 형태로 구분하여 보면, 사회적 목적의 기업, 수익창출 기업, 영리와 비영리 간의 파트너십 기업 등 3가지 형태로 구분할 수 있다. 이들 중에서 사회적 기업과 가장 유사한 기업형태가 사회적 목적의 기업이다.

사회적 목적의 기업에는 다시 일자리 제공 목적 기업과 사회적 사명 수행 기업이 있다. 전자는 지역사회 소외 계층에게 정규 일자리를 제공할 목적으로 설립된 기업이고, 후자는 직업훈련이나 주거, 치료 상담 프로그램, 학습 프로그램 등의 사회적 사명을 수행하기 위한 일

환으로 영리적 수익사업을 하는 기업이다(정선희, 2004: 15-8). 부연하면, 일자리 제공 목적 기업은 노동통합형(일자리 창출형)이고, 사회적 사명 수행 기업은 사회통합형(서비스 제공형)으로 볼 수 있는 것이다.

노동통합형(일자리 창출형) 사회적 기업의 예는 '스쿠쿰(Skookum)'으로서, 이 회사는 수익의 95%를 임금으로 지급하고, 일자리 제공 이외의 다른 사회적 프로그램은 거의 제공하지 않는다. 사회통합형(서비스 제공형) 사회적 기업의 예는 '쥬마 벤처스', '퍼 스콜라스', '루비콘 프로그램즈', '바인딩 투게더', '트로사' 등이 있다(기업별 자세한 내용은 3장 참조).

따라서 미국의 사회적 기업도 중점적으로 활동하고 있는 중점 유형은 본 연구가 고찰하려는 노동통합형(일자리 창출형), 사회통합형(서비스 제공형)인 것이다.

(4) 프랑스 사회적 기업의 중점 유형

제3장에서 설명한 프랑스의 사회적 기업은 협동조합, 상호공제단체, 민간단체로 구성되어 있고, 이러한 사회적 기업도 크게 2가지 유형의 활동을 하고 있다. 하나는 취업취약계층의 노동시장 통합을 도와주는 활동이고, 다른 하나는 지역밀착서비스(proximity services)를 제공하는 활동이다(OECD 대표부, 2006: 13). 즉, 전자는 결사체나 협동조합 형태로 취약계층에게 노동시장의 진입을 지원하는 노동통합형(일자리 창출형)이고, 후자는 사회서비스를 제공하는 사회통합형(서비스 제공형)을 의미한다. 그러나 엄밀히 살펴보면 프랑스의 사회적 기업은 노동통합기업의 형태가 대부분이며, 자활조직 4,900여 개소에서 연인원 30만

명이 고용 중인 점은 앞에서 설명하였다(2003년 기준).

이러한 노동통합형(일자리 창출형) 기업으로서, 노동법전에 규정된 사회적 기업을 세부적으로 살펴보면 <표 4-4>와 같다(OECD 대표부, 2006: 13-5).

〈표 4-4〉 프랑스의 노동통합형(일자리 창출형) 기업

기업 명칭	사회적 기업의 개념, 활동 분야, 내용, 지원 등
1. CAVA(경제활동 적응센터)	· 사회취약계층(socially disabled)을 고용해 한시적 일자리 제공 · 흔히 사회재통합 센터 또는 보호소(sheltering) 형태로 운영 · 임금과 근로계약이 없는 대신 용돈을 받음 · 예산의 대부분은 국가 또는 지방정부에서 지원받음
2. EI(노동통합기업)	· CAVA보다는 보다 시장지향적인 사회적 기업 형태 · 운영 형태는 아직 협회가 많으나 점차 회사 형태의 비중이 많아지고 있음 · 유기근로계약하에 근로자로서의 임금을 받음 · 수입은 주로 자체적으로 조달(기업 또는 공공기관과의 도급계약, 재화의 판매 등) · 활동 분야는 건설, 환경, 수선 및 중고품 매매, 쓰레기 수거 등 · 53%의 EI가 10명 미만을 고용
3. AI (인력파견협회)	· 장기실업자, 50세 이상 고령실업자 등 취약계층을 파견하여 일자리 제공 · 파견자의 임금은 프랑스 정부의 최저임금(SMIC)을 지급받으며, 사회보험료와 부가가치세(19.8%)도 면제받음 · 파견직종은 사설 파견업체와 공공 취업알선기관(ANPE)과의 충돌이 없는 분야에 허용(개인서비스가 53%, 청소 18%, 관리 7% 등) · 2000년 현재 1천여 개의 AI가 있고 종사자 수는 18만여 명으로 추정
4. RQ (지역사회기업)	· 특정지역에 거주하는 지역주민들에 의해 운영되는 사회적기업으로서 참가자는 그 지역에 거주하는 취약계층이어야 함 · 지방정부 또는 관련 업체와의 계약에 의해 청소, 가로 정비, 공공기물 수리 및 정비, 정원관리 등 서비스를 행함(수익의 80%, 20%는 정부 지원) · 지역주민은 모두 RQ의 회원으로서 의사결정과정에 참여하며, RQ 종사자는 근로자로서의 임금을 받음 · RQ의 연합체인 CNLRQ가 있음 · 1999년 현재 약 130개의 RQ가 존재

기업 명칭	사회적 기업의 개념, 활동 분야, 내용, 지원 등
5. ETTI (임시직 파견기업)	• 취약계층을 기업에 파견하여 2년 이내의 한시적인 일자리와 함께 훈련을 받을 수 있도록 함 • 주로 26세 이하의 청년층, 장기실직자, 최저생활보호자, 공공부조 수혜자 등임 • 이들 계층을 고용하는 기업에 대해서는 정부재원으로 1인당 연간 최대 18천 유로를 지급하며, ANPE의 허가가 있으면 사회보험료도 면제됨 • 2002년 현재 263개의 ETTI가 활동
6. GEIQ (사회통합과 훈련을 위한 사용자 연합)	• 100인 미만 기업을 회원으로 하여 취약계층고용에 관심 두고 활동하는 사용자 연합단체임 • 취약계층근로자를 회원기업에서 훈련시키고 실제 기업에서 근로를 하게 함으로써 노동시장에 통합시키는 역할을 함 • 2003년 현재 100개의 GEIG가 존재하며, 참여자는 청년층이 65%, 생활보호대상 장기실직자가 12%인 것으로 나타남 • 재원은 정부에서 참여자 1인당 18천여 유로를 지원하며, 사회보험료를 면제해 줌. 회원사로부터 고용관리서비스에 대한 수수료가 있음

자료: OECD 대표부, 2006: 13-5에서 요약.

3. 외국 사회적 기업의 3가지 모형 도출

(1) 외국 사회적 기업 3가지 모형의 의의

앞에서는 외국의 사회적 기업의 유형으로 노동통합형, 사회통합형, 혼합방식형을 살펴보았다. 또한 본서에서는 노동통합형은 일자리 창출형 의미로, 사회통합형은 서비스 제공형으로, 혼합방식형은 통합형으로 사용하였다. 따라서 여기에서는 본서의 취지에 부합하도록 외국의 '3유형'을 '3모형'으로 용어를 전환하고, 3모형에 대한 각 모형도 노동통합형은 '일자리 창출형 모형'으로, 사회통합형은 '서비스 제공형 모형'으로, 혼합방식형은 '통합형 모형'으로 사용하고자 한다.

부연하면 이와 같이 '유형'을 '모형'으로 전환하고, 각 3모형의 개념을 재정립한 이유는 첫째, 본서의 취지가 사회적 기업의 모형을 도출하기 위한 것이기 때문이다. '유형'은 성질이나 특징이 공통적인 것끼리 묶은 하나의 틀을 의미하는 것으로서 사실현상적인 측면이다. 반면 '모형(model)'은 현상들을 단순화함으로써 현실에 대한 관점을 정리해 주는 연구 측면이 강하다(이익섭·이윤로, 2007: 27). 따라서 본서의 목적이 한국 사회적 기업의 모형을 도출하는 것이기 때문에 '유형'을 '모형'으로 전환하는 것이 타당하다고 생각된다.

둘째, 3모형을 '일자리 창출형', '서비스 제공형', '통합형'으로 사용하는 것이 사회적 기업육성법에 따라 시행되는 현 제도의 용어와 비슷하기 때문에 용어의 혼란을 방지할 수 있다는 점이다. 현 제도에서는 '일자리 제공형', '사회서비스 제공형', '지역사회 공헌형', '혼합형'으로 사용하고 있다.

(2) 한국에서 적용 가능한 모형 고찰 필요성

외국의 사회적 기업 3유형을 3모형으로 정립한 이유는 본서에서 기초적인 단계인 용어의 정리이다. 그러나 외국 3모형인 '일자리 창출형', '서비스 제공형', '통합형'을 그대로 한국에서 적용하기에는 한계가 있다.

그 이유는 첫째로 외국에서는 사회적 기업이 사회문제의 해결을 위하여 국가와 민간단체가 30년 이상 노력한 결과물이지만, 한국에서는 최근 국가주도로 시행되는 정책적인 결과물이라는 점이다.

그러므로 사회적 기업이 외국처럼 일자리 창출형에서 서비스 제공형, 통합형으로 진행되는 순차적인 절차진행이 어렵고, 도리어 일자리 창출형이 주도적이면서 서비스 제공형이 부수적인 경우, 서비스 제공형이 주도적이면서 일자리 창출형이 부수적인 경우, 일자리 창출형과 서비스 제공형이 같은 비중으로 주도적인 경우 등이 나타날 수 있다. 따라서 외국 3모형을 한국에서 적용 가능한 모형으로 용어와 개념을 재정립할 필요가 있다.

둘째로 실무적으로 사회적 기업가나 예비 사회적 기업가에게 사회적 기업의 모형과 그 의미를 홍보할 필요가 있다는 점이다. 예를 들어 예비 사회적 기업가에게 처음부터 일자리 창출형과 서비스 제공형이 주도적이거나, 서로 주도적인 경우가 가능하다고 인식시킨다면, 기업가는 각자 상황에 맞게 사회적 기업을 선택하여 설립할 수 있을 것이다.

셋째로 현재 한국 사회적 기업의 경우, 한 기업이 업무적으로 일자리 창출형과 서비스 제공형을 같이 실행하고 있는 경우(혼합형)도 있고, 이들의 비중도 높을 뿐 아니라(29%), 정부도 정책적으로 이를 적극 권장하고 있기 때문이다(노동부, 2008: 4). 상세한 설명은 후술한다.

따라서 연혁적인 배경이나 실무적인 필요성, 또는 정책적인 측면에서 고려해 볼 때, 외국 3모형 중에서 '일자리 창출형'은 '일자리 중심형'으로, '서비스 제공형'은 '서비스 중심형'으로 전환할 필요성이 있다고 판단된다.

제2절 한국 사회적 기업의 유형

1. 한국 사회적 기업의 유형

(1) 사회적 기업육성법상 기준에 따른 유형

한국 사회적 기업을 사회적 기업육성법상 사회적 목적 기준에 따라 유형을 구분하면, 일자리 제공형, 사회서비스 제공형, 혼합형, 기타 형 등 4가지로 구분할 수 있다. 먼저, '일자리 제공형'은 일자리 창출을 목적으로 하는 기업으로, 취약계층에게 일자리를 제공하는 것이 주된 목적이고, 부수적으로 취약계층에게 사회서비스를 제공하는 형이다. 유럽에서 일자리 제공에 주력하는 기업을 '노동통합형(WISE)'으로 부르고 있다. '사회서비스 제공형'은 주된 목적이 취약계층에게 사회서비스를 제공하는 것이고, 부수적으로 취약계층에게 일자리를 제공하는 기업이다. '혼합형'은 취약계층에게 일자리와 사회서비스를 함께 제공함과 동시에 앞의 2유형에 비하여 시장성이 높은 유형을 말한다. '기타 형'은 취약계층에게 일자리나 사회서비스를 제공하는 것이 주된 목적은 아니나, 지역사회 내의 일반주민을 수혜자로 하여 환경, 문화, 지역개발 등 공익사업을 수행하는 기업이다(노동부, 2008: 4).

(2) 정책 차원에서 제고해야 할 유형

현재의 사회문제는 크게 부의 양극화와 실업문제로 볼 수 있고, 궁극적으로는 취업문제로 귀결된다. 특히 취약계층의 취업문제는 심각한 사회문제이면서, 단기간에 해소되기 힘든 정책과제 중 하나이다. 취약계층은 전국 가구 월평균 소득의 60% 이하, 55세 이상 고령자, 장애인, 성매매 피해자, 장기실업자 등 장관이 인정한 자 등이다(사회적 기업육성법 제2조 제2호, 영 제2조).

이들 중 65세 이상 노인의 현황은 다음과 같다(통계청, 2008: 13－19). 우선, 65세 이상 노인들이 겪고 있는 가장 어려운 점은 건강문제가 43.6%로 가장 높았고, 경제적 어려움(38.4%), 소일거리 없음(5.3%) 순으로 조사되었다(2007년 기준). 경제적 어려움과 소일거리 없음은 취업과 연관된 것으로, 결국 취업이 가장 큰 문제인 것이다. 다음으로 65세 이상 노인의 생활비 마련방법은 본인 및 배우자 부담(52.3%), 자녀 또는 친척지원(42.1%), 정부 및 사회단체(5.5%) 순으로 나타나고 있다. 이 의미는 노인의 50% 이상이 스스로 생활비를 벌어야 한다는 현실을 반영한 것이라고 볼 수 있다.

마지막으로 65세 이상 노인의 고용률은 31.1%로서, 노인 10명 중 7명이 실업상태에 있다. 따라서 많은 65세 이상 노인의 현실적인 결론은 생활비를 본인 및 배우자가 부담해야 하는 등 경제적 어려움을 겪고 있으나, 일자리가 없다는 것이다. 이는 다른 취약계층도 비슷하다.

따라서 사회적 기업은 취약계층에게 일자리나 사회서비스를 제공하는 기업이므로, 한국 사회적 기업의 가장 중요한 첫 번째 사회적 목적은 무엇보다도 기존 사업 분야나 신규 사업 분야에서 새로운 일자리를 창출하여, 취약계층에게 일자리를 제공하는 것이라고 판단된다. 이러한 관점이 바로 현재 한국 사회가 당면한 문제의 해결책인 사회적 통합의 열쇠인 것이다.

2. 한국에서 잠재력 있는 예비 사회적 기업

(1) 예비 사회적 기업의 잠재력 고찰 필요성

이 절에서는 한국에서 예비 사회적 기업의 잠재력을 고찰할 필요성에 대하여 논의하고자 한다. '예비 사회적 기업'이란 아직 사회적 기업으로 인증받지 못한 기업으로, 사회적 기업으로 운영할 능력이 부족하여 인증신청을 못한 경우이거나, 인증 신청하였으나 사회적 기업으로 인증받지 못한 기업을 의미한다. 즉, 사회적 기업으로 인식을 하고 있거나 활동하고 있는 기업이다.

반면, 여기에서는 예비 사회적 기업으로 전환이 가능한 '잠재력 있는 예비 사회적 기업'에 대하여 논의하고자 한다. '잠재력 있는 예비 사회적 기업'은 예비 사회적 기업으로 전환할 수 있는 전체 조직을 의미한다.

'잠재력 있는 예비 사회적 기업'을 파악하는 이유는 첫째로 향후 한국의 사회적 기업으로 전환이 가능한 숫자와 활동 분야를 전반적으로 예측할 수 있고, 사회적 기업으로 유도할 수 있는 초기정책 지침마련에 도움이 될 수 있기 때문이다. 따라서 본고에서는 '잠재력 있는 예비 사회적 기업'에서 '예비 사회적 기업'으로, 그 후 '사회적 기업'으로 연결시켜야 한다는 일련의 단계과정을 제시하고자 한다.

그러나 본서의 모형 제시에서는 '잠재력 있는 예비 사회적 기업'은 이론적인 제시이므로, 실무단계인 '예비 사회적 기업'에 포함하여 고찰하기로 한다. 이론적으로 도식하면 <그림 4-3>와 같다

1차단계(연구단계) → **2차단계(실무단계)** → **3차단계(법적단계)**
잠재력 있는 예비 사회적 기업 → 예비 사회적 기업 → 사회적 기업

〈그림 4-3〉 한국 예비 사회적 기업의 이론적 발전단계

둘째로는 '잠재력 있는 예비 사회적 기업'은 사회적 기업으로서 갖추어야 할 전반적인 사업운영 능력을 보유하고 있다는 점이다. 본서에서 살펴보려는 한국의 잠재적인 예비 사회적 기업의 종류로는 농협, 수산업, 산림, 신용협동조합과 새마을금고 등으로서, 이들 기업은 이미 제품의 생산과 판매능력이 있을 뿐만 아니라 판매대상도 확보되어 있고 현재까지 조직을 유지시킨 관리능력도 있다. 그러므로 다른 조직보다도 예비 사회적 기업이나 사회적 기업으로 전환이 용이하다는 이점이 있다. 따라서 이들 기업이 새로운 영업활동을 개척하거나 기존 영업의 일부를 사회적 기업으로 전환할 수 있다면, 사회적 기업의 수적 증가나 취약계층의 일자리 창출, 서비스 제공 효과는 지대하리라 예상된다.

(2) (예비)사회적 기업으로 전환가능성 비교

① 영업 측면에서의 전환가능성 여부

여기에서는 '잠재력 있는 예비 사회적 기업' 현황과 (예비)사회적 기업으로의 전환가능성을 비교하기로 한다. 우선 본서에서는 잠재력 있는 예비 사회적 기업을 전통적인 기업과 새로운 기업으로 구분하여, 영업 측면에서의 전환가능성을 보고자 한다. 우선 전통적 기업은 전술한 바와 같이 농협·수산업·산림·신용협동조합과 새마을금고, 민간단체이고, 새로운 기업은 소비자생활협동조합, 노동자협동조합 등이다(엄형식, 2008: 201-19).

우선 전통적 기업 중 농협·수산업·산림·신용협동조합과 새마을금고의 현황을 보면, 단위조합 수 4,259개, 총 조합원 수 2,140만 명, 1년 사업성과(경제부문) 14조 4천억 원, 총 직원 수 10만 명이다. 각각의 전통적 기업의 경영현황을 세분화하면 <표 4-5>와 같다.

〈표 4-5〉 한국의 잠재력 있는 예비 사회적 기업(1): 3조직

구분	농협	수협	산림조합	소계	새마을금고	신협	총계
단위조합 수(개) A	1,298	95	144	1,537	1,671	1,051	4,259
사업성과(경제부문) (단위: 억) B	95,795	46,180	1,558	143,533	-	-	143,533
조합원 수(천 명) C	2,386	171	500	3,057	13,733	4,610	21,400
직원 수 (천 명) D	68	8	2	78	15	8	101
조합 당 연 매출(B/A)	74억	486억	11억	93억	-	-	34억
조합당 직원 수(D/A)	52명	84명	14명	51명	9명	8명	24명

구분	농협	수협	산림조합	소계	새마을금고	신협	총계
조합당 조합원 수(C/A)	1,800명	1,800명	3,470명	2,000명	8,200명	4,400명	5,000명
직원 1인당 연 매출금액(B/D)	1억 4,000만	5억 8,000만	7,800만	1억 8,400만	–	–	1억 4,200만
조합원 1인당 연 기여금액(B/C)	400만	2,700만	30만	470만	–	–	67만
기준 연도	2005	2004	2005		2003	2005	

자료: 엄형식, 2008: 136. 수정인용. 숫자는 개괄적으로 표시함.

표에서 전통적 기업 중 사회적 기업에 의미 있는 조직은 경제부문에 사업이 있는 농협, 수협, 산림조합이다. 그 이유는 경제부문 사업이 바로 사회적 기업이 목표로 하는 시장이기 때문이다. 이하에서는 이 3조직을 중심으로 설명하고자 한다(소계 참조).

전통적 기업 중 3조직이 사회적 기업에 제시하는 의미는 다음과 같다. 먼저, 조합당 연 매출은 수협, 농협, 산림조합 순이고, 이들의 연평균 매출은 93억 원이다. 물론 이 금액을 향후 사회적 기업의 최대 연 매출 목표로 제시하기에는 현재 사회적 기업의 판매능력으로 볼 때 무리가 있다. 그러나 연평균 매출 93억 원의 의미는 이 3조직이 사회적 기업을 운영할 경우에는 판매에서 충분한 잠재력이 있다는 증거이기도 하다.

다음으로 3조직의 조합당 종업원 수는 기관 평균으로는 51명이고, 수협, 농협, 산림조합 순서이다. 기관 평균 51명은 사회적 기업의 평균 30명(2009.2. 기준)보다 높은 수치이므로, 사회적 기업에서 하나의 기준수치로 제시할 수 있다. 또한 3조직이 평균 51명으로 운영해 왔다는 점은 평균 30명으로 종업원을 운영하는 사회적 기업보다 직원

관리능력이 우월하다는 의미이기도 하다. 조합당 조합원 수는 기관매출에 대한 직간접적인 기여를 하는 조합원 수로서, 사회적 기업 입장에서 보면 조합원은 소비자에 해당된다고 볼 수 있다. 따라서 조합당 조합원 수가 평균 2,000명 수준이므로, 사회적 기업의 고객 수준도 2,000명이 되어야 한다는 기준수치로 볼 수 있다.

그리고 3조직의 조합원 1인당 연 기여금액은 약 470만이므로, 이는 소비자 증가에 대한 사회적 기업의 매출을 간접적으로 추정할 수 있는 부분이다. 마지막으로 직원 1인당 연 매출금액도 1억 8,400만 원으로 높은 금액으로서, 사회적 기업의 최대 연 매출 목표로 제시하기에는 어려우나 향후 하나의 참고수치로 활용할 부분이다.

따라서 전통적 기업 중 3조직에 대한 비교표의 의미는 이들 단체가 사회적 기업으로 새로운 영업활동을 개척하거나 기존 영업의 일부를 사회적 기업으로 전환할 수 있는 능력을 잠재적으로 보유하고 있고, 사회적 기업으로 전환하는 경우 성공할 가능성이 높다는 점을 시사하고 있다는 점이다. 이 점이 바로 본 연구에서 농협, 수협, 산림조합을 잠재력 있는 예비 사회적 기업으로 살펴보는 이유이다.

앞에서는 잠재력 있는 예비 사회적 기업으로 전통적인 기업을 살펴보았다. 다음으로는 잠재력 있는 예비 사회적 기업으로 새로운 기업인 '생활협동조합(생협)'을 살펴보기로 한다. 생활협동조합(생협)은 '소비조합(consumer's cooperation)', '신용조합'이라고 부른다.

생협조직의 목적은 경제적 약자로서의 소비자들은 그들 스스로의 조직력에 의하여 지키자는 데 있다. 따라서 소비자는 이 조합을 기반으로 하여 생활의 안정·향상과 문화·교육의 충실을 도모하며, 구체적으로는 조합원의 생활필수품 매입·가공·배급, 생활을 위한 공동시설의 이용, 생활개선 교육, 문화향상사업 등을 운영한다. 그리고 소비조합도 이윤을 추구하지만 기업이 추구하는 상업적 이윤을 배제한다는 점이다. 여기서 생활협동조합과 사회적 기업과의 유사한 점이 있다. 즉, 기업이 추구하는 상업적 이윤을 배제하여 조합원인 소비자의 복지를 지향한다는 점이다.

그리고 생활협동조합은 매년 발전단계에 있고, 판매능력도 계속 증가하고 있다. 조합 수는 전국 연합회, 지역생협연합회, 직능별 연합회와 미가입 단위조합을 포함하여 총 176개, 매출은 2,698억 원, 조합원 수는 337천 명, 조합당 연 매출은 15억 원, 조합원 1인당 연 기여금액은 80만 원으로 전통적 기업보다는 전체적으로 낮은 수준이다.

그러나 소비자 복지를 위한 활동 측면에서 자생적인 노력은 사회적 기업의 목적과 비슷하다고 할 수 있다. 여기서 조합당 연 매출 15억 원은 사회적 기업도 달성 가능한 수치로서, 기준수치로 제시할 만하다(표 4-6).

〈표 4-6〉 한국의 잠재력 있는 예비 사회적 기업(2): 생협

조합 수 (A)	매출 (B)	조합원 수 (C)	조합당 연 매출 (B/A)	조합 당 조합원 수(C/A)	조합원 1인당 연 기여금액(B/C)
176개	2,698억 원	337천 명	15억 원	2천 명	80만 원

자료: 엄형식, 2008: 212. 수정인용. 숫자는 개괄적으로 표시함.
설명: 현황은 전국 연합회, 지역생협연합회, 직능별 연합회와 미가입 단위조합을 포함한 수치임(2005.12. 기준).

② 사업 분야의 전환가능성 비교

여기에서는 영업 측면 및 서비스 유형 기준으로 전통적인 기업과 사회적 기업을 비교하기로 한다. 그 이유는 2조직이 서로 영업 및 서

비스 유형 측면에서 유사하다면, 전통적인 기업은 명칭만 다를 뿐 이미 사회적 기업과 비슷한 활동을 하고 있다는 결론이 도출될 수 있어, 잠재력 있는 예비 사회적 기업으로 부를 수 있기 때문이다. 또한 비슷한 활동을 수행하고 있으므로, 전통적인 기업은 사회적 기업으로 전환이 훨씬 용이하리라는 판단 때문이다.

2조직을 서로 비교한 결과, 영업 측면에서는 거의 유사한 것으로 나타났다. 특히 경제사업은 물자의 구입·제조·가공·공급 등의 사업으로서, 재화와 서비스 생산·판매와 일치하고 있다. 반면, 서비스 유형에서는 사회적 기업이 전통적인 기업보다 넓은 범위이다. 이 점은 전통적인 기업이 향후 사회적 기업으로 전환할 때에는, 보다 다양한 업종을 취사선택할 수 있다는 장점으로 작용하리라 판단된다. 자세한 부분은 <표 4-7> 참조.

〈표 4-7〉 한국의 잠재력 있는 예비 사회적 기업활동 분야와 사회적 기업육성법상
영업활동, 서비스 유형 비교

구분		사회적 기업	농협협동조합	수산업협동조합	산림조합
관련 근거		육성법 제2조	농업협동조합법 제57조	수산업협동조합법 제60조	산림조합법 제46조
영업 활동		재화, 서비스 생산· 판매	경제사업, 위탁사업, 농협의 사업으로 규정하는 사업, 부대사업, 장관 승인 사업	경제사업, 운송사업, 어업통신사업, 위탁하거나 보조하는 사업, 공동사업 및 업무의 대리, 수협의 사업으로 정하는 사업, 관련된 대외무역, 부대사업, 장관 승인사업	경제사업, 위탁사업, 조합의 사업으로 규정하는 사업, 부대사업, 청장 승인 사업
서비스 종류	1. 교육		교육·지원사업	교육·지원사업	교육·지원사업
	2. 보건				
	3. 사회복지		공제사업, 복지후생사업	공제사업, 후생복지사업	공제사업, 복지후생사업
	4. 환경				
	5. 문화				

구분	사회적 기업	농협협동조합	수산업협동조합	산림조합
서비스 종류	6. 보육			
	7. 예술·관광 및 운동			
	8. 산림 보전 및 관리			산림경영사업
	9. 간병 및 가사 지원			
	10. 기타 서비스	신용사업, 교류·협력사업	신용사업, 교류·협력사업, 차관사업	신용사업, 임업자금 등의 관리·운용과 자체자금 조성 및 운용, 교류·협력사업

제3절 한국에서의 3대 모형으로 전환

1. 한국에서 적용 가능한 모형 고찰의 시사점

앞에서 외국의 사회적 기업 3유형, 즉, 노동통합형, 사회통합형, 혼합방식형을 3모형 – 일자리 창출형 모형, 서비스 제공형 모형, 통합형 모형으로 정립하고, 한국에서 적용 가능한 모형으로 전환해야 하는 필요성을 살펴보았다.

이와 같이 한국에서 적용 가능한 모형을 도출해야 하는 이유는, 첫째, 외국의 성공적인 사회적 기업을 벤치마킹(benchmarking)[41]하여 한

---

41) 벤치마킹(benchmarking)이란 경영기법의 하나로서, 기업이 목표달성을 위해 설정하는 측정기준으로 미국

국 사회적 현상과 정책제도의 방식에 맞는 한국 사회적 기업의 모형을 정립하는 데 있다.

둘째, 타 분야에서도 한국 사회적 기업에 대해 연구가 진행되고 있으나, 외국과 한국에서도 사회복지를 공부하거나 경험이 있는 많은 사람들이 사회적 기업을 운영하고 있는 만큼, 무엇보다도 사회복지 분야에서 한국 사회적 기업의 모형을 연구할 필요성이 있다는 것이다.

셋째, 외국의 성공적인 사회적 기업과 실패한 사회적 기업을 심층연구하여 각각의 원인을 고찰하여, 한국의 사회적 기업을 외국의 성공적인 사회적 기업의 사례로 계속하여 진출하도록 유도하고, 실패한 사회적 기업은 한국에서 똑같은 전철을 밟지 않도록 하는 이른바 시행착오를 최소화하려는 이유이다. 이는 한국의 사회적 기업에 대한 정책과 제도시행의 성패를 좌우하는 관건으로 사료된다.

넷째, 또한 외국에서 부족한 사회적 기업 모형을 파악하여, 한국 사회적 기업의 성공과 발전을 위한 대안으로 새로운 모형을 제시해야 하기 때문이다. 한국은 정책적으로 사회적 기업을 유도하는 만큼 사회적 기업가에게 새로운 모형을 정확히 홍보하여야 할 필요가 있다.

다섯째, 외국의 용어를 한국 사회적 기업 상황에 맞게 쉽게 재구성하여 사회적 기업에 대한 용어 사용의 합의를 도출할 필요가 있다는 점이다. 부연하면, 외국은 자생적으로 사회적 기업이 운영되었기 때

기업에서 도입·응용되었다. 미국의 기업들은 업계에서 상위권에 있는 기업의 1인당 매출액·노동비용 등 구체적인 경영지표를 산출하여, 그 수치에 도달하려고 업무개선에 힘쓴다. 목표달성을 위하여 사원을 상대 기업에 파견, 자사(自社)와는 다른 방법으로 문제를 해결하는 기법을 익히기도 한다.

문에 국가별로 용어나 의미가 혼용되어 사용되고 있고, 조직 등이 다양하여 복잡한 양상을 띠고 있으므로, 본 연구에서는 한국 사회적 기업에 대한 모형관련 용어 사용을 통일화하고자 한다.

2. 한국에서의 적용 가능한 3대 모형의 체계도

(1) 연혁으로 살펴본 한국 3대 모형의 체계도

따라서 외국 3모형 중에서 '일자리 창출형'은 '일자리 중심형(work centered type, WCT)'으로, '서비스 제공형'은 '서비스 중심형(service centered type, SCT)'으로 전환하고, '통합형(integration centered type, ICT)'은 그대로 사용하고자 한다. 여기서 '일자리 중심형'의 개념은 일자리 창출형이 주도적이면서 서비스 등 기타 제공이 부수적인 경우이고, '서비스 중심형'은 서비스 제공형이 주도적이면서 일자리 창출 등 기타 제공이 부수적인 경우이다. '통합형'은 일자리 창출형과 서비스 제공형이 똑같은 비중을 차지한 경우이다.

한국 모형에서 '중심형'이란 용어를 사용한 이유는, 부연하면 사회적 기업이 비교적 장기간 발전되어 온 외국과는 달리, 한국은 단기간에 정부 주도하에 사회적 기업이 중점적으로 육성되고 있으므로, 일자리 창출이나 서비스 제공 등 효과를 동시에 도출시켜 되도록 빨리 현 사회문제를 해결하는 것이 사회적 기업에 대한 정책적인 과제이기 때문이다. 따라서 한국 사회적 기업 경우 일자리 창출 또는 서비스 제공 등 가능한 목적을 모두 진행시켜야 소기의 성과를 얻을 수 있기 때문이다.

또한 이 같은 '중심형'의 의미는 현재 정부가 사용하고 있는 '제공형'의 의미와 일맥상통하기 때문이다. 예를 들어 '일자리 제공형'은 취약계층 일자리 제공이 주된 목적이고, 부수적으로 취약계층에게 사회서비스를 제공하는 의미로 사용하고 있어, 본서에서 사용하는 '일자리중심형'의 취지와 일치한다.

이와 같이 외국의 3유형과 3모형 그리고 한국의 3대 모형을 연혁관점에서 전체적으로 연결하여 체계화하면 <그림 4-4>와 같다.

외국 3유형 ⇒ **외국 3모형** ⇒   **한국 3대 모형**
노동통합형⇒ 일자리 창출형⇒ 일자리 중심형(work centered type, WCT)
사회통합형⇒ 서비스 제공형⇒ 서비스 중심형(service centered type, SCT)
혼합방식형⇒ 통합형⇒   통합형(integration centered type, ICT)

〈그림 4-4〉 외국의 3유형과 3모형, 한국의 3대 모형과의 연혁관계

(2) 본서에서 사용하는 한국 3대 모형의 용어

이후 본 연구에서는 사회적 기업 모형 중 '일자리 중심형' 사회적 기업은 '일자리 중심형(WCT)'으로, '서비스 중심형' 사회적 기업은 '서비스 중심형(SCT)', '통합형' 사회적 기업은 '통합형(ICT)'으로 사용하고자 한다.

그리고 각 모형의 개념과 세부적인 내용도 정립하여 사용하기로 한다. 먼저, '일자리 중심형(WCT)' 사회적 기업의 개념은 '취약계층을 위하여 일자리 창출을 주도적으로 활동하고, 서비스 등 기타 제공을 부수적으로 활동하는 사회적 기업'으로 정의하고자 한다. 이는 사회

적 기업육성법상 개념을 그대로 인용한 것이다. 일자리 측면에서 보면, 일자리 개념은 한국과 외국이 동일하게 신규 일자리 제공, 일자리 유지 등으로 사용하고 있다.

그리고 일자리 측면에서 일자리를 제공해야 할 대상인 취약계층도 한국은 5가지이고 외국은 4유형으로서, 서로 거의 유사하다. 즉, 한국의 대상은 전국 가구 월평균 소득의 60% 이하, 55세 이상 고령자, 장애인(중증장애인 포함), 성매매 피해자, 장기실업자 등 장관이 인정한 자 등 5가지이다(사회적 기업육성법 제2조 제2호, 영 제2조). 이 중에서 장기실업자는 실업기간이 6개월 이상인 자이고, 장관이 인정한 자는 행정해석으로 인정되는 신용불량자, 갱생보호대상자, 노숙자 등이다(노동부 b, 2007: 18).

그리고 외국 노동통합 사회적 기업의 대상인 4유형은 장애인, 사회적 배제자, 심리적·사회적 문제가 있는 사람들의 재사회화, 장기실업자이다(조영복, 2007: 90－91).

다음으로 '서비스 중심형(SCT)' 사회적 기업은 '취약계층을 위하여 서비스 등 기타 제공을 주도적으로 활동하고, 일자리 창출을 부수적으로 활동하는 사회적 기업'으로 정리하고자 한다. 여기서 서비스는 사회적 기업육성법상 개념을 도입하여, 교육, 보건, 사회복지, 환경 및 문화 서비스, 보육 서비스, 예술·관광 및 운동 서비스, 산림 보전 및 관리 서비스, 간병 및 가사 지원 서비스, 장관 인정 서비스 등 9가지로 한다(법 제2조 제3호, 영 제3조).

마지막으로 '통합형(ICT)'은 '취약계층을 위하여 일자리 창출과 서비스 등 기타 제공을 같은 비중으로 수행하는 사회적 기업'으로 개념 정의한다.

제4절 한국 사회적 기업의 5대 모형

1. 한국 사회적 기업에서 새로운 2대 모형의 필요성

(1) 한국 3모형의 적용 시 문제점과 한계

앞에서 한국 사회적 기업의 3대 모형으로 일자리 중심형(WCT), 서비스 중심형(SCT), 통합형(ICT)을 정립하였다. 그러나 3대 모형으로 한국 사회적 기업을 고찰하기에는 2가지 문제점과 한계가 있다. 하나는 전술한 바와 같이 사회적 기업의 신설과 관련된 문제점으로, 외국은 사회적 기업이 비교적 장기간 발전되어 온 까닭에 기업의 수가 많고 업무활동도 안정적으로 수행되고 있는 반면, 한국은 정부 주도하에 사회적 기업을 중점적으로 육성하므로, 단기간에 많은 사회적 기업을 설립해야 하는 태생적인 문제점이 있다는 점이다.

따라서 이러한 문제점을 해결하기 위하여 사회적 기업 전(前) 단계인 '예비 사회적 기업'이나 '잠재력 있는 예비 사회적 기업'에 대한 논의가 필요하다.

사회적 기업 설립과 관련하여 '예비 사회적 기업'의 장점은 단기간에 사회적 기업으로 전환할 수 있는 상태라는 점이다. '잠재력 있는 예비 사회적 기업'의 장점은 향후 한국의 사회적 기업으로 전환이 가능한 총 숫자와 활동 분야를 전반적으로 예측할 수 있다는 점과, 영업 측면 및 서비스 유형이 현재의 사회적 기업과 유사하게 활동하고 있을 뿐만 아니라, 사회적 기업으로서 갖춰야 할 전반적인 사업운영 능력을 보유하고 있다는 점은 앞에서 설명하였다.

따라서 한국에서는 전개과정으로 볼 때, 사회적 기업의 전(前) 단계인 '예비 사회적 기업'이나 '잠재력 있는 예비 사회적 기업'에 대해서도 적극적인 정책배려와 지원 및 홍보가 필요한 상황이다. 그러므로 한국에서는 사회적 기업의 모형으로 '예비 사회적 기업'과 '잠재력 있는 예비 사회적 기업'을 포함한 '예비 사회적 기업형'이 필요하다고 본다. 한국정부도 정책적으로 '예비 사회적 기업'을 기업연계형, 지역연계형, 모델발굴형으로 구분하고, 예비 사회적 기업 육성을 위한 시스템을 구축하여 사회적 기업 발굴에 노력을 하고 있다(노동부, 2008: 27).

다른 하나는 사회적 기업활동방식과 관련한 것으로서, 하나의 사회적 기업이 단독으로 영업활동을 수행해야 효과가 있는가, 아니면 정부 또는 여러 조직과의 연계를 하여 영업활동을 수행해야 효과가 있는가 하는 문제이다. 전자가 단독운영 방식이라면, 후자는 연계 방식 또는 네트워크 방식으로 볼 수 있다.

이 점에 대해서는 많은 국가들과 학자들이 후자 방식을 지지하고 있으며 그 필요성을 역설하고 있다. 예를 들면, 영국은 사회적 기업의 성공을 위하여 사회적 기업과 정부 간의 협력 지원이 필요하다는 정책을 고수하고 있다(UK DTI c, 2007: 49-61). 또한 사회적 기업에서 네트워크 방식의 활동을 주장하는 학자도 있고(Defourny, Jacques & Solari Luca, 2001: 336-337), 사회적 기업의 성장을 위해서는 시장부문과 공공기구 간의 협력이 필요하다는 의견도 대두되고 있다(OECD, 1999: 7; OECD 대표부, 2006: 25). 한국정부도 정책적으로 사회적 기업에 대하여 지원 네트워크 구축의 필요성을 제시하고 있다(노동부, 2008: 31-2).

따라서 한국에서 사회적 기업의 전개과정을 고찰해 볼 때, 사회적 기업 상호 간 또는 사회적 기업과 다른 조직 간의 네트워크형인 '네트워크형'도 필요하다고 생각된다.

(2) 한국 사회적 기업의 새로운 2대 모형 정립

한국에서 사회적 기업의 전개과정을 고찰하여 볼 때 3모형으로는 부족하다는 점을 전술하였다. 따라서 여기에서는 2모형을 추가로 살펴보기로 한다.

2모형 중 첫 번째는 '예비 사회적 기업형(preparatory centered type, PCT)'이다. 이 형은 '예비 사회적 기업'과 '잠재력 있는 예비 사회적 기업'을 포함하는 의미로 사용하고, '예비 사회적 기업형(PCT)'으로 표기하기로 한다. 따라서 '예비 사회적 기업형(PCT)'은 2가지 개념으로 정의하고자 한다. 첫째는 '예비 사회적 기업으로 전환할 수 있는 전체 조직'이고, 둘째는 '사회적 기업으로 인증받지 못한 기업으로, 사회적 기업으로 운영할 능력이 부족하여 인증신청을 못 한 경우(미신청 조직)이거나, 인증 신청하였으나 사회적 기업으로 인증받지 못한 기업(신청 탈락 조직)'이다. 이하에서는 '예비 사회적 기업형(PCT)'로 표시한다.

예비 사회적 기업형(PCT)도 활동하고 있는 경우가 있으므로 세부적인 3가지 사업 모형으로는 사회적 일자리 창출사업에서 활용하고 있는 '기업연계형(enterprise connection type, ECT)', '지역연계형(community connection type, CCT)', '모델발굴형(model excavation type, MET)'을 사용하기로 한다(노동부, 2008: 27).

'기업연계형'이란 비영리단체−민간기업−지역사회가 적절하게 역할을 분담하여 사회적 일자리를 창출하는 사업으로, 기업의 다양한 자원(현금, 현물, 전문성 등)을 활용하여 자립을 지향하는 모델을 의미한다. '지역연계형'은 '기업연계형'과는 달리 지자체−대학−연구소−공공기관−다른 비영리단체 등 지역사회 내 다양한 자원과의 결합을 통하여 사회적 일자리를 창출하고 자립을 지향하는 모델이다.

'모델발굴형'은 새로운 사업 모델을 발굴하여 인큐베이팅하는 초창기 사회적 일자리 창출사업으로, 기업 지역사회 등과의 연계나 수익창출구조는 다소 미흡하나, 향후 기업 또는 지역 연계형으로 전환이 가능한 사업 모델을 말한다.[42]

2모형 중 두 번째는 '네트워크형(network centered type, NCT)'이다. '네트워크형'은 '사회적 기업 상호 간 네트워크형(social enterprise mutual network centered type, SEM)'과 '사회적 기업과 타 조직 간 네트워크형(other organization network centered type, ONT)'을 의미한다.

'사회적 기업 상호 간 네트워크형(SEM)'은 사회적 기업이 서로 업무활동을 연계하는 것이다. 이를 세부 활동 측면에서 살펴보면, 사회적 기업 간에 업종별 네트워크와 지역별 네트워크, 전국 네트워크를 구성하는 것이다.

그리고 '사회적 기업과 타 조직 간 네트워크형(ONT)'은 사회적 기업과 타 조직 간에 서로의 영업 등 업무활동을 연계하는 것을 말한다.

---

42) http://www.socialenterprise.or.kr/

이는 사회적 기업과 지원조직과의 업무지원 관계, 또는 사회적 기업과 타 조직 간의 영업 등 업무활동을 연계하는 것을 말한다.

이하에서는 '네트워크형(NCT)', '사회적 기업 상호 간 네트워크형(SEM)', '사회적 기업과 타 조직 간 네트워크형(ONT)'으로 표시한다.

2. 한국 사회적 기업의 5대 모형과 발전단계

(1) 사회적 기업에 적용 가능한 5대 모형 정립

제1절에서는 외국의 사회적 기업 3유형, 즉, 노동통합형, 사회통합형, 혼합방식형을 사회적 기업 3모형 즉, 일자리 창출형 모형, 서비스 제공형 모형, 통합형 모형으로 전환하였다. 이어서 3절 앞부분에서는 외국 3모형 중에서 '일자리 창출형'은 '일자리 중심형(work centered type, WCT)'으로, '서비스 제공형'은 '서비스 중심형(service centered type, SCT)'으로, '통합형'은 '통합형(integration centered type, ICT)'으로 전환하기로 하였다. 그리고 한국에서 필요한 사회적 기업의 새로운 2모형으로 '예비 사회적 기업형(preparatory centered type, PCT)'과 '네트워크형(network centered type, NCT)' 사회적 기업을 도출하였다.

이에 따라 본서에서는 한국에서 적용 가능한 5대 사회적 기업 모형을 정립하였으며, 5대 사회적 기업 모형은 '일자리 중심형(WCT)', '서비스 중심형(SCT)', '통합형(ICT)', '예비 사회적 기업형(PCT)', '네트워크형(NCT)'이다.

그리고 예비 사회적 기업형(PCT)의 세부적인 3가지 사업 모형으로

'기업연계형(ECT)', '지역연계형(CCT)', '모델발굴형(MET)'을 사용하고, '네트워크형(NCT)'의 세부적인 2가지 사업 모형으로 '사회적 기업 상호 간 네트워크형(SEM)'과 '사회적 기업과 타 조직 간 네트워크형(ONT)'을 사용하기로 한다. 이를 도식화하면 <표 4-8>과 같다.

〈표 4-8〉 한국 5대 사회적 기업 모형 개관

모형	WCT	SCT	PCT	NCT	ICT
세부 모형, 유사 개념	-노동통합 -일자리 창출 -일자리 제공	-사회서비스 -사회복지서비스	-예비 사회적 기업 -잠재력 있는 예비 　사회적 기업	-사회적 기업 상호 　간 네트워크형 -사회적 기업과 타 　조직 간 네트워크형	-

(2) 5대 사회적 기업 모형의 발전단계 문제

한국에서 적용 가능한 5대 사회적 기업 모형이 정립된 후의 문제는 바로 5대 모형의 발전단계를 제시하는 문제이다. 이 문제는 2가지 관점에서 고찰할 필요가 있다.

첫째는 외국 사회적 기업의 발전순서를 한국 사회적 기업의 발전순서로 적용할 수 있는가 하는 점이다. 이에 대하여 외국에서는 사회적 기업의 자연적인 발전순서를 언급한 부분은 있으나, 국가별로 타당한 발전순서와 관련한 논의부분은 거의 찾아볼 수가 없다. 이 점에 대해서는 외국의 사회적 기업이 필요에 의하여 자생적으로 시작하여 장기간 운영되었기 때문에, 구태여 발전순서를 논의할 만한 실익이 없다고 판단한 것이 그 이유라고 사료된다.

따라서 본서에서는 외국국가별 타당한 발전순서 부분은 향후 연구과제로 제시하고, 한국 사회적 기업의 발전순서는 뒤에서 논하기로 한다.

둘째는 한국에서 사회문제를 해결하려는 정책관점이나 사회적 기업 자체의 상황에 따라 사회적 기업의 발전순서도 다르게 전개될 수 있다는 점이다. 예를 들어 사회적 기업에 대한 정책을 '일자리 중심형(WCT)'으로 전개한다면, 보다 많은 사회적 기업이 일자리 중심형으로 설립할 수 있다. 반대로 많은 조직이 사회서비스를 주목적으로 사회적 기업으로 설립한다면 '서비스 중심형(SCT)'으로 시작할 것임은 자명한 일이다. 그러나 모형이 있으면 그 발전단계를 이념형으로 제시하는 것도 본서의 목적이므로 이념적인 5대 모형의 발전단계는 제5장에서 설명하기로 한다.

3. 사회적 기업 5대 모형의 적용상 한계와 향후 연구과제

(1) 사회적 기업 5대 모형의 적용상 제한

본서에서 정립한 5대 모형의 근거로는, 외국 사회적 기업의 유형과 모형 그리고 한국 사회적 기업육성법의 개념과 현재 실시하고 있는 사회적 기업 관련 제도를 바탕으로 5대 모형을 도출하였다. 따라서 본서의 5대 모형 기준은 외국의 연혁기준과 한국의 실정법 및 제도 기준에 따른 분류인 것이다.

그러나 사회적 기업의 모형으로 적용 가능한 기준은 다양하다. 첫째로 정부지원 형태에 따른 정부 지원형 혹은 독립형 구분, 둘째로 경제적 활동과 사회적 활동의 통합 정도에 따른 분류, 셋째로 영리성 유무에 따라 영리(수익창출 기업), 비영리(사회적 목적 기업), 혼합형

(영리와 비영리 간의 파트너십 기업) 분류(정선희, 2004), 넷째로 조직형태에 따른 주식회사, 비영리법인, 혹은 다른 조직형태 등 구분, 다섯째로 운영 모델에 따른 기본모델, 조합모델, 향상모델로 분류(Alter, 2004), 여섯째, 업무협력 체계에 따라 자활공동체형, 대기업 지원형, 협동조합형, 복지기관중심 종합생활지원, NGO 주도-지자체-기업 연계형, 지자체 주도-NGO 협력형이 있다(노동부 a, 2007).

따라서 본고는 사회적 기업의 모형으로 적용 가능한 기준 중에서 외국의 연혁기준과 한국의 실정법 및 제도 기준으로 살펴본 것으로, 한국 5대 모형을 사회적 기업의 전체적인 상황에 대하여 적용이 가능한 모형으로 판단하기에는 한계가 있다.

그러나 한국 5대 모형 중 3가지 즉, '일자리 중심형(WCT)', '서비스 중심형(SCT)', '통합형(ICT)'은 외국에서 인정받고 있는 기준이고, '예비 사회적 기업형(PCT)'은 한국에서 실무적으로 적용할 수 있는 고유한 기준인 점, '네트워크형(NCT)'은 외국과 한국의 학자들이 필요성을 주장하고 있는 기준인 점을 볼 때, 한국 5대 모형으로 고찰한 취지도 중요하다고 판단된다.

(2) 사회적 기업 5대 모형에 대한 향후 연구방향

본서의 시점은 한국 사회적 기업의 초기단계라고 할 수 있는 시기이므로, 향후 연구가 필요한 방향을 다음과 같이 제시하고자 한다. 첫째, 효과성 파악으로 한국의 5대 모형 중 어느 모형이 가장 성공적인 모형인가를 규명해야 한다. 이를 위하여 성공적인 모형의 판단기준을 '일자리 중심형(WCT)'이나 '서비스 중심형(SCT)' 등에 대해서 각각의 세부적이고 객관적인 평가기준과 수치를 도입해야 한다.

둘째, 진행과정 파악으로, 한국의 5대 모형의 각각의 진행과정을 정확히 조사하여, 성공과 실패원인을 파악해야 한다. 그리고 성공원인에 대해서는 정책적으로 계속 지원을 하고 지속적으로 홍보를 해야 한다. 실패원인을 규명하는 것은 실패에 대한 사전방비와 시행착오를 줄이는 정책적 효과가 있기 때문이다.

셋째, 지역별 사회적 기업 특성 파악으로, 지역적인 관점에서 각 지역의 사회적 기업의 특징을 정확히 파악하는 것도 필요하다. 그 이유는 각 지역의 환경에 따라 사회적 기업의 운영 방식이 달라질 수 있으므로, 지역적으로 다른 정책적인 배려가 필요하기 때문이다.

넷째, 본 연구는 '예비 사회적 기업'과 '잠재력 있는 예비 사회적 기업'을 '예비 사회적 기업'형으로 포함하였으나, 향후에는 '잠재력 있는 예비 사회적 기업'과 '예비 사회적 기업'을 정확히 구별하여 각각의 실태를 조사하여야 한다. 이는 사회적 기업의 미래를 예상할 수 있는 자료로 판단된다.

다섯째, 전환 문제점 파악으로 '예비 사회적 기업' 등에 대해서 사회적 기업으로의 전환 시 근본적인 애로사항이 무엇인지를 심도 있게 조사하여야 한다. 이를 위해 지역별로 전환 가능한 조직을 선별하여, 설문지를 통한 양적 조사와 직접 면담을 통한 질적 조사를 병행하는 방법도 있다.

여섯째, 효율성 파악으로 한국의 5대 모형 중 어느 모형이 정책적으로 가장 효율적인 모형인가를 규명해야 한다. 효율성 파악 기준으로 지원비용－편익분석, 지원비용－종업원 1인당 매출증가 등의 기준을 사용할 수 있다.

제 5 장

한국의 사회적 기업 발전단계와 운영전략

제1절 한국 사회적 기업 5대 모형의 발전단계

1. 한국 사회적 기업 모형 단계의 필요성

(1) 외국 사회적 기업의 발전단계

여기서는 외국 사회적 기업의 발전단계를 살펴보기로 한다. 그 이유는 연혁적으로 30년 장기간 동안 수많은 경험이 축적되어 진행된 외국 사회적 기업의 발전단계를 살펴봄으로써, 단기간에 사회적 기업을 유도해야 하는 한국에서 보다 타당하고 효과적인 발전단계로 제시할 수 있기 때문이다. 또한 이는 정책결정가가 정책과정에서 하나의 지침으로, 한국 사회적 기업가에게 설득력 있는 이념적인 발전단계로 제공할 수 있기 때문이다.

먼저 유럽의 경우에는 국가별 다소간 차이가 있으나 대략 1990년대 이후 실업문제의 해결방안의 하나로 사회적 기업이 거론되기 시작하였다(Borzaga & Defourny, 2001: 351; 조영복, 2007: 46). 또한 미국에서도 1970년대 처음으로 소외계층에 대한 일자리 창출 방안의 일환으로 시작되었다(조영복, 2007: 81).

이를 국가별로 세부적으로 고찰하면 다음과 같다. 첫째로 프랑스의 경우이다. 프랑스 사회적 기업의 형태는 크게 3가지로 결사체(민간단체, association), 협동조합기업(enterprise co-operative), 상호회사(상호공제단체, mutual societies)로 나누어 볼 수 있다(Laville, 2001: 100).

이러한 사회적 기업들은 1990년대 이후부터 사회적 배제를 당하고 있는 사람에게 노동할 수 있는 권리를 보장해 주고, 이들을 위해 지역사회에 이바지할 수 있는 일자리 창출을 위하여 활동하였다(김정원, 2009: 69-70). 특히 프랑스의 사회적 기업은 대부분 협동조합에 속하고, 노동통합적 사회적 기업 형태를 취하고 있다(조영복, 2007: 64). 그리고 지역밀착서비스(근접서비스)로 취학 전 보육이나 가정도우미 등 서비스를 제공하고 있다. 따라서 프랑스의 사회적 기업은 일자리 제공에서 시작되었다고 볼 수 있다.

둘째로 이탈리아에서는 사회적 협동조합(social co-operative)을 사회적 기업으로 부르고 있다. 사회적 협동조합은 실업문제가 심각했던 1970년대 말에 최초로 설립되었고, 처음목적은 취약계층에게 안정적인 일자리를 영구히 제공하는 것이었으나, 나중에는 취약계층에게 훈련을 제공하여 안정적인 일자리를 찾을 수 있도록 도와주는 역할을 하고 있다(Borzaga & Santuari, 2001: 168-169; 조영복, 2007: 54-5). 일자리 제공과 관련한 사회적 협동조합은 B형 유형이다. 그리고 1991년에 사회적 협동조합에 관한 법률(301호)이 제정되어 사회서비스 부문에서 활동하고 있는 새로운 형태의 협동조합을 인정하였다(Evers, & Laville, 2008: 83). 그러므로 이탈리아의 사회적 기업은 일자리 제공에서 시작되었다고 볼 수 있다.

셋째로 미국에서의 사회적 기업은 비영리 섹터로 볼 수 있다. 미국에서의 사회적 기업은 1970년대 처음으로 소외계층에 대한 일자리 창출 방안의 일환으로 시작되었고(조영복, 2007: 81), 1980년대에는 NGO에 대한 레이건 정부의 예산삭감에 적극 대응하기 위하여, 지역단위 일자리 창출 등을 위한 영리활동을 활발하게 전개하였다(조영복, 2007: 46). 따라서 미국에서의 사회적 기업도 일자리 제공을 목적으로 시작되었다고 볼 수 있다.

넷째로 독일은 지속되는 실업대란을 극복하기 위하여 1980년대 전반부터 3가지 유형의 조직이 일자리를 창출하려고 노력하였다. 3가지 유형의 조직은 사회적 고용의 주도세력(social employment initiatives), 동독에서의 고용창출을 위한 민간단체, 사회적 기업 등이다(Evers & Schulze-Bönig, 2001: 126-9).

다섯째로 이 외의 국가들도 일자리 제공을 위해 사회적 기업이 등장하였다. 예를 들면, 스웨덴의 경우에는 1980년대 이후에 노동통합의 사회적 기업이 등장한 점, 핀란드의 경우 1990년대 이후에 실업에 대하여 혁신적인 대응을 위한 노동협동조합이 조직된 점, 스페인은 1980년대에 고용정책 실패에 대한 대안으로서 사회적 기업이 등장한 점 등이다(Stryjan, 2001: 220-33; Pättiniemi, 2001: 82-6; Vidal, 2001: 203-4).

그리고 유럽에 있어서 사회적 기업의 제2활동 영역은 사회서비스와 지역사회 보호서비스이다. 이러한 서비스는 공공행정에서 충족하지 못한 욕구를 지닌 사람들이나 공적 급부에서 배제된 사람들에게 제공되어 왔다. 나중에는 이러한 서비스를 제공하는 사회적 기업은 입찰참가를 하는 등 타 조직과의 경쟁을 통해서도 자금을 충당하였다(Borzaga & Defourny, 2001: 351-2).

그러나 유럽의 많은 사회적 기업은 일자리 제공과 서비스 제공을 결합한 통합적인 활동을 하고 있다. 첫째 이유는 노동집약적이고 기술습득에 적합한 사회서비스가 일자리 제공 등 노동통합에 적합하기 때문이다. 즉, 사회서비스가 일자리를 창출시킬 수 있다는 의미이다.

둘째 이유는 마약중독자 등 사회소외집단을 사회적 또는 경제적으로 통합시키려면 사회서비스 제공과 일자리 제공을 분리해서는 안된다는 점이다(Borzaga & Defourny, 2001: 351-2). 즉, 사회소외집단에게 사회서비스와 일자리를 동시에 제공해야 사회적이나 경제적인 통합을 시킬 수 있다는 의미이다.

따라서 유럽과 미국 사회적 기업의 발전단계를 살펴보면, 많은 국가가 처음에는 일자리 제공에서 시작하여 그 후 서비스 제공으로, 그리고 마지막으로는 일자리와 서비스 제공의 통합형태로 진행되었다고 볼 수 있다(Borzaga & Defourny, 2001: 351-2; 조영복, 2007: 46; 엄형식, 2008: 106,311). 이 같은 발전단계는 뒤이어 한국 사회적 기업의 발전단계로 제시하고자 한다.

(2) 한국 사회적 기업의 단계

제4장에서는 한국에서 적용 가능한 5대 사회적 기업 모형을 '일자리 중심형(work centered type, WCT)', '서비스 중심형(service centered type, SCT)', '통합형(integration centered type, ICT)', '예비 사회적 기업형(preparatory centered type, PCT)', '네트워크형(network centered type, NCT)'으로 정립하였다.

그리고 예비 사회적 기업형(PCT)의 세부적인 3가지 사업 모형으로 '기업연계형(enterprise connection type, ECT)', '지역연계형(community connection type, CCT)', '모델발굴형(model excavation type, MET)'을 사용하고, '네트워크형(NCT)'의 세부적인 2가지 사업 모형으로 '사회적 기업 상호 간 네트워크형(social enterprise mutual network centered type, SEM)'과 '사회적 기업과 타 조직 간 네트워크형(other organization network centered type, ONT)'으로 사용하기로 하였다.

이 부분에서는 이러한 한국 5대 사회적 기업 모형의 발전단계를 논의하기로 한다. 한국에서 발전단계가 필요한 이유는 전술한 바와 같이 한국에서 보다 타당하고 효과적인 발전단계로 제시할 수 있다는 점, 한국 사회적 기업가에게 설득력 있는 이념적인 발전단계로 제공하여 사회적 기업 창업을 유도하는 지침으로 활용할 수 있다는 점 등이다.

첫째로 한국 사회적 기업 발전단계에서 고려해야 할 점은 한국 사회적 기업의 육성계획이 정책적인 필요에 의해서 시작된 점이라는 사실이다. 즉 유럽의 사회적 기업 도입과 관련한 논의가 본격화된 것은, 2000년대에부터 구조적인 문제인 고용 없는 성장, 사회서비스 수요의 증가 등 사회문제에 대한 하나의 해결대안으로 시작되었다. 이러한 논의 과정에서 사회적 일자리 사업 중 기업연계형 모델이 성과가 있다는 것이 확인되어, 비영리법인·단체 등 제3섹터를 활용한 안정적 일자리 창출 및 양질의 사회서비스 제공 모델로서 사회적 기업

도입논의가 구체화된 것이다(노동부, 2008: 1).

따라서 사회문제를 해결하기 위하여 정책적으로 사회적 기업을 빠르게 육성할 필요성이 있기 때문에, 정책적인 지원이나 고려는 사회적 기업으로 보다 빨리 전환할 수 있는 사회적 기업의 전(前) 단계부터 당연히 시작되어야 한다. 본서에서는 이러한 사회적 기업의 전(前) 단계를 '예비 사회적 기업형(PCT)'으로 정의하고자 한다.

정부도 노동부 사회적 일자리 창출사업을 예비 사회적 기업 발굴·육성을 위한 경로로 활용하는 '예비 사회적 기업 육성 시스템'을 구축하여 시행하고 있다. 따라서 한국 사회적 기업 첫 단계로 '예비 사회적 기업형(PCT)' 단계를 설정하여 고찰하기로 한다. 그리고 세부적인 3가지 사업 모형으로 '기업연계형(ECT)', '지역연계형(CCT)', '모델발굴형(MET)'을 사용한다.

둘째로 예비 사회적 기업이 사회적 기업으로 전환되는 경우 발전단계 문제이다. 이 점은 외국 사회적 기업의 발전단계인 일자리 제공, 서비스 제공, 그리고 일자리와 서비스 제공의 통합형태를 활용하기로 한다. 그러므로 본서에서는 한국 사회적 기업 두 번째 단계부터 네 번째 단계를 '일자리 중심형(WCT)', '서비스 중심형(SCT)', '통합형(ICT)'으로 사용한다. 부연할 점은 이 순서는 하나의 이념형으로 제시한다는 것일 뿐, 현실적으로는 사회적 기업의 상황에 따라 변경이 가능하다는 점이다.

셋째로 사회적 기업의 활동이 보다 활발해지고 성숙되어 가는 과정에서의 발전단계도 고찰되어야 한다. 이 시기에는 사회적 기업 상호 간 또는 사회적 기업과 다른 조직과의 교류와 협력문제가 중요하다. 사회적 기업 상호 간에는 동일한 지역사회의 기업 간, 동종업종 기업 간, 이종업종 기업 간 교류와 협력문제가 있다. 그리고 사회적 기업과 다른 조직 간에는 지자체, 연구소, 기업 등과의 교류와 협력문제가 있다.

이러한 발전단계를 다섯 번째 단계인 '네트워크형(NCT)'으로 규정하고, 세부적인 2가지 사업 모형으로 '사회적 기업 상호 간 네트워크형(SEM)'과 '사회적 기업과 타 조직 간 네트워크형(ONT)'으로 사용한다.

따라서 한국 5대 사회적 기업 모형의 발전단계를 '예비 사회적 기업형(PCT)', '일자리 중심형(WCT)', '서비스 중심형(SCT)', '통합형(ICT)', '네트워크형(NCT)'의 순서로 제시한다. 이를 모두 도식화하면 <그림 5-1>과 같다. 그리고 각 단계에 대한 상세한 설명은 뒤에서 설명한다.

> 예비 사회적 기업형(PCT) ⇨ 일자리 중심형(WCT) ⇨
> 서비스 중심형(SCT) ⇨ 통합형(ICT) ⇨ 네트워크형(NCT)

〈그림 5-1〉 한국 5대 사회적 기업 모형의 발전단계

2. 5대 모형의 발전단계별 의의와 특징

(1) 예비 사회적 기업의 단계

'예비 사회적 기업형(preparatory centered type, PCT)'은 전술한 바와 같이 '예비 사회적 기업'과 '잠재력 있는 예비 사회적 기업'을 포함하

는 2가지 의미가 있다. 전자는 아직 사회적 기업으로 인증받지 못한 기업으로서 사회적 기업으로 운영할 능력이 부족하여 인증신청을 못한 경우(미신청 조직)이거나, 인증 신청하였으나 사회적 기업으로 인증받지 못한 기업(신청 탈락 조직)이다. 후자는 '예비 사회적 기업'으로 전환할 수 있는 잠재력 있는 전체 조직을 의미한다.

이렇게 2가지 의미로 살펴봐야 하는 이유는 정책적으로 접근하는 방식이 달라야 하기 때문이다. '잠재력 있는 예비 사회적 기업'에 대해서는 사회적 기업의 취지와 목적, 지원사항 등을 홍보하여 적극적으로 사회적 기업으로 전환하려는 의지를 고취시켜야 한다.

또한 '예비 사회적 기업'에 대해서는 기업별로 부족한 부분을 파악한 후 중점적으로 경영 및 기술지도를 거쳐 사회적 기업으로 전환시켜야 하기 때문이다.

이러한 예비 사회적 기업형(PCT)에는 세부적으로 3가지 사업 모형이 있다.[43]

첫째는 '기업연계형(enterprise connection type, ECT)'이다. 이 모형은 예비 사회적 기업과 민간기업 그리고 지역사회가 인적 · 물적 자원의 출연과 역할을 분담하는 형태이다. 예를 들어 지역사회는 제품 등을 구매하고, 민간기업은 경영과 판매전략 및 방법을 제시하고, 예비 사회적 기업이 영업활동을 하는 것이다.

이 모형의 장점은 예비 사회적 기업의 입장에서 볼 때 지역사회가 구매를 지원하므로 재정이 안정될 수 있고, 또한 민간기업이 경험적으로 판매효과가 검증된 마케팅 기법을 전수하므로 판매를 위한 마

---

43) 3가지 사업 모형은 노동부 사회적 기업 http://www.socialenterprise.or.kr/에서 제시된 유형을 기초로 하여 작성하였다.

케팅 능력의 배가를 꾀할 수 있다는 점이다. 따라서 이 모형의 특징은 예비 사회적 기업이 사회적 기업으로 전환할 수 있는 최적의 조건을 구비하고 있다고 볼 수 있다.

둘째로 '지역연계형(community connection type, CCT)'이 있다. 이 모형은 예비 사회적 기업이 지역사회 내의 다양한 주체와 협력을 통하여 조직을 운영하는 형태이다. 즉, 예비 사회적 기업에 대해 지자체대학연구소공공기관다른 비영리단체 등이 지원하는 형태이다. 예를 들면 지자체는 예산을 지원하고, 대학은 예비 사회적 기업가의 교육, 연구소는 판매할 제품과 시장성을 파악, 공공기관과 비영리단체 등은 제품의 우선구매를 하는 것이다.

이 모형의 장점은 지역사회의 성격에 적합한 예비 사회적 기업을 운영할 수 있고, 예비 사회적 기업에 대한 지역사회의 통합을 통하여 사회복지에 대한 인식을 제고할 수 있다는 점이다.

셋째로 '모델발굴형(model excavation type, MET)'이 있다. 이는 새로운 사업 모델을 발굴하여 육성하는 예비 사회적 기업을 말한다. 모델발굴형의 의의는 사회변화에 따라 새로운 상품이나 다양한 서비스를 제공한다는 것으로, 복지마케팅 4Ps 중 상품개발에 해당된다고 볼 수 있다.

예를 들어 새로운 상품은 노인을 위한 신개념의 건강보조식품, 면역강화를 위한 건강보조식품, 질병예방을 위한 건강예비식품 등을 들 수 있다. 다양한 서비스로는 다문화 가족 전체를 위한 결혼 및 가족생활 서비스, 다문화 가족 중 국가별 결혼 및 가족생활 서비스, 외국인근로자에 대한 맞춤 상담, 맞벌이 부부에 대하여 지역별로 세분화·차별화된 아동보육 및 방과 후 교실 운영 등이 있다.

이 모형의 장점은 사회변화에 따른 새로운 상품이나 다양한 서비스를 민간조직에서 개발한다는 점이다. 그러나 수익을 창출하기에는 미흡하다는 점, 그리고 반드시 국가나 지자체 등의 지원이 필요하다는 단점도 있다. 그러므로 거시적인 관점에서 향후 기업연계형이나 지역연계형으로 전환이 가능하도록 지원하여야 한다.

(2) 일자리 중심 사회적 기업의 단계

제4장에서 외국의 일자리 창출형은 한국의 '일자리 중심형(work centered type, WCT)'으로 도출하였다. 그리고 '일자리 중심형(WCT)' 개념도 앞에서 설명한 바와 같이, '취약계층을 위하여 일자리 창출을 주도적으로 활동하고, 서비스 등 기타 제공을 부수적으로 활동하는 사회적 기업'으로 정의하였다.

이렇게 일자리 중심형으로 정립한 이유는 사회적 기업을 보다 빠르게 육성하려는 목적에서이다. 만약 일자리 창출형으로 명기한다면 일자리 제공과 서비스 제공을 동시에 하려는 기업은 인증신청에 혼란을 느낄 것이다. 또한 일자리 제공과 서비스 제공 중 하나만 선택하려는 경우도 발생할 수 있다.

따라서 어느 경우이든 예비 사회적 기업을 사회적 기업으로 시급히 육성하기 위해서는 일자리 창출이 주도적이고, 서비스 등 기타 제공을 부수적으로 활동하는 '일자리 중심형(WCT)' 용어가 타당하다고 생각된다. 이 원리는 뒤에서 언급할 '서비스 중심 사회적 기업(SCT)'에서도 동일하게 적용된다.

그리고 '일자리 중심형(WCT)'의 세부 업무내용은 노동통합 사회적 기업(WISE)과 같이 취약계층을 대상으로 취업 및 훈련 기회를 제공하여야 한다. 즉, 여기서 취약계층은 정신지체 장애인, 노숙자, 장기실직자 등을 의미하며, 이들은 주된 비즈니스에서 고용할 수 없거나 또는 고용하지 않는 계층이므로 이들을 위해 보조적인 비즈니스 환경인 사회적 기업에서 취업제공 및 각종 훈련의 기회를 제공해야 한다는 것이다(Aiken, 2006: 24-5).

이러한 '일자리 중심형(WCT)'의 장점은 다음과 같이 4가지로 볼 수 있다. 첫째, 기업의 목적이 이윤 극대화가 아니므로 수익이 낮은 부분에서도 창업할 수 있어 일자리 제공이 가능하다는 점이다. 둘째, 사업의 초기단계에서 기부나 자원봉사자를 활용하면 생산비용도 절약할 수 있어 일자리 유지가 쉽다는 점이다.

셋째, 사회적 기업에서 일하는 근로자들이 사회적인 목적을 인식하고 있으므로, 동일한 영업을 하는 일반기업에 비해 낮은 임금을 지급하는 등 방식으로 전체적인 비용을 낮출 수 있어 일자리 유지가 쉽다는 점이다. 넷째, 소비자의 욕구나 수요에 대해서 일반기업은 수익성을 판단하여 공급하거나 포기하지만, 사회적 기업은 수익성을 불문하고 빠르게 재화나 서비스를 공급할 수 있다(Borzaga & Defourny, 2001: 359-60). 이는 모든 사회적 기업의 공통된 공헌이라고 볼 수 있다.

(3) 서비스 중심 사회적 기업의 단계

외국의 서비스 제공형에서 한국의 '서비스 중심형(service centered type, SCT)'으로 도출된 점은 제4장에서 설명하였다. 그리고 '서비스 중심 사회적 기업(SCT)'으로 정립한 이유는 '일자리 중심형(WCT)'과 같은 원리로 사회적 기업을 보다 빠르게 육성하려는 목적에서이다.

여기서 '서비스 중심 사회적 기업(SCT)'은 '취약계층을 위하여 서비스 등 기타 제공을 주도적으로 활동하고, 일자리 창출을 부수적으로 활동하는 사회적 기업'을 의미한다. 여기서 취약계층의 개념은 '일자리 중심형(WCT)'과 동일하다. 또한 서비스는 사회적 기업육성법상 개념을 도입하여, 교육, 보건, 사회복지, 환경 및 문화 서비스, 보육서비스, 예술·관광 및 운동 서비스, 산림 보전 및 관리 서비스, 간병 및 가사 지원 서비스, 장관 인정 서비스 등 9가지로 한다(법 제2조 제3호, 영 제3조).

이러한 '서비스 중심 사회적 기업'이 필요한 이유는 현 사회문제를 해결하기 위해서는 지역사회의 소규모 특정집단의 욕구를 인지하고 이를 지역사회 내에서 해결할 수 있는 역량을 창출해야 하기 때문이다(Borzaga & Defourny, 2001: 360-1). 즉, 사회적 배제를 해결하기 위하여 사회적 기업이 필요한 것과 마찬가지로, 지역사회에서 소규모 특정집단의 욕구를 해결하는 방안의 하나로 '서비스 중심 사회적 기업'이 필요한 것이다.

(4) 통합형 사회적 기업의 단계

제4장에서 '일자리 중심형(WCT)'과 '서비스 중심 사회적 기업(SCT)'의 결합모형으로 '통합형(integration centered type, ICT)'을 설명하였다. '통합형'은 '취약계층을 위하여 일자리 창출과 서비스 등 기타 제공을 같은 비중으로 수행하는 사회적 기업'이다.

이와 같이 '통합형'이 필요한 이유는 사회서비스가 일자리 제공을 창출한다는 점, 사회의 소외집단에게 사회서비스와 일자리를 동시에 제공해야 사회적이나 경제적인 통합을 시킬 수 있다는 점 등은 앞에서 설명하였다. 또한 '통합형'은 일자리와 서비스를 동시에 제공할 수 있으므로 더욱 발전할 가능성이 크고, 그 결과 지역개발을 촉진시킨다는 이점도 있다(Borzaga & Defourny, 2001: 361).

'통합형'의 특징은 우선, 사회적 기업이 발전되어 그 규모가 큰 형태라는 점이다. 유럽과 미국의 경우에서도 많은 사회적 기업이 '통합형'으로 운영되고 있다. 그리고 이 모형에서는 서비스 분야도 소외집단에게 사회서비스를 제공하는 단계를 벗어나, 환경이나 문화서비스 영역 등까지 범위를 확장하고 있다(Borzaga & Defourny, 2001: 352).

(5) 네트워크형 사회적 기업의 단계

4장에서 '네트워크형(network centered type, NCT)'은 '사회적 기업 상호 간 네트워크형(social enterprise mutual network centered type, SEM)'과 '사회적 기업과 타 조직 간 네트워크형(other organization network centered type, ONT)'을 의미한다고 전술하였다.

또한 '사회적 기업 상호 간 네트워크형(SEM)'은 사회적 기업이 서로 업무활동을 연계하는 것으로, '사회적 기업과 타 조직 간 네트워크형(ONT)'은 사회적 기업과 타 조직 간에 서로의 영업 등 업무활동을 연계하는 것으로 정립하였다.

또한 세부 활동 측면으로는 '사회적 기업 상호 간 네트워크형'은 사회적 기업 간에 업종별 네트워크와 지역별 네트워크, 전국 네트워

크를 구성하는 것이다. 반면, '사회적 기업과 타 조직 간 네트워크형'
은 사회적 기업과 지원조직과의 업무지원 관계, 또는 사회적 기업과
타 조직 간의 영업 등 업무활동을 연계하는 것을 말한다.

이와 같이 '네트워크형'이 필요한 이유로는 3가지로 볼 수 있다. 첫
째로 이론적 관점에서 학자 등은 사회적 기업이 정부 또는 여러 조직
과의 연계를 하여 영업활동을 수행해야 효과가 있다는 주장을 제시
하고 있다. 즉, 사회적 기업에서 네트워크 방식의 활동을 주장하는 학
자도 있고(Defourny, Jacques & Solari Luca, 2001: 336-337), 사회적 기
업의 성장을 위해서는 시장부문과 공공기구 간의 협력이 필요하다는
의견도 대두되고 있다(OECD, 1999: 7; OECD 대표부, 2006: 25).

둘째로 제도적인 측면에서 많은 국가들이 사회적 기업에서 네트워
크 방식을 주장하고 있다. 예를 들면, 영국은 사회적 기업의 성공을
위하여 사회적 기업과 정부 간의 협력 지원이 필요하다는 정책을 고
수하고 있다(UK DTI c, 2007: 49-61). 한국정부도 정책적으로 사회적
기업에 대하여 지원 네트워크 구축의 필요성을 제시하고 있다(노동
부, 2008: 31-2).

셋째로 연혁적인 관점에서 사회적 기업이 발전하고 있는 나라에서
는, 사회적 기업이 다른 사회적 기업과의 그룹 형성이나 정보 및 혁
신교환에 있어서 특별한 능력을 보이고 있다는 점을 들고 있다
(Borzaga & Defourny, 2001: 364). 즉 실무적으로 사회적 기업 간의 네트
워킹이 뛰어난 국가에서 사회적 기업이 발전하고 있다는 사실은, 한
국에서도 네트워킹형이 도입되어야 할 필요성을 입증하고 있는 자료
인 것이다.

따라서 한국에서 사회적 기업의 전개과정을 고찰해 볼 때, '사회적

기업 상호 간 네트워크형'은 당연히 필요하고, 여기에 '사회적 기업과 타 조직 간 네트워크형'을 추가로 구축한다면, '네트워크형(NCT)' 사회적 기업의 사업능력은 더욱 배가되리라 생각된다.

그렇다면 한국에서 현실적으로 적용할 수 있는 '사회적 기업과 타 조직 간 네트워크형(ONT)'은 세부적으로 어떠한 모형인지 고찰할 필요가 있다. 4가지로 살펴보기로 한다.

첫째 모형은 사회적 기업-민간기업 연계형을 들 수 있다.[44] 이는 사회적 기업이 일반기업의 사회공헌 프로그램과 연계하거나 재정 및 경영지원을 받는 모델로서, 비즈니스 파트너십으로 연결된 형태이다. 이 경우에는 사회적 기업이 독자적으로 우월한 프로그램이나 활동을 하고 있거나, 사회적 기업과 일반기업의 사회적 책임이 서로 공유된 경우, 일반기업의 하부조직으로 사회적 기업이 설립된 경우 등에서 나타난다.

사회적 기업과 일반기업의 사회적 책임이 서로 공유된 경우로는 공익연계마케팅(Cause-Related Marketing)으로서, 일반기업은 상품과 서비스의 판매 촉진을 도모하고 사회적 기업은 판매대금의 일부를 받는 것이다. 그 예로는 아메리칸익스프레스사와 쉐어 아워 스트렝스가 캠페인을 벌려 기아구제프로그램에 기부한 예가 있다.

둘째 모형은 사회적 기업-지자체 연계형이 있다. 이 모형은 사회적 기업이 지자체의 자활지원 프로그램에서 장기 저리로 대출받아 초기 설비비용을 조달하여 사회적 기업으로 발전하는 형태이다. 이 경우는 지자체가 사회적 기업에 지역사회에 장기적으로 또는 시급하

---

44) 이 부분의 모형은 노동부 a, 2007: 65-8과 정선희, 2004: 15-8 모형을 참고하였음.

게 필요한 서비스나 용역을 제공하도록 의뢰하는 경우에 나타난다. 그 예로는 자활공동체가 지자체 지원으로 사회적 기업으로 설립한 경우가 있다.

셋째 모형은 사회적 기업 주도−지자체−기업 연계형을 들 수 있다. 지자체는 토지나 자본 등을 제공하고, 기업은 경영과 기술, 마케팅 기법을 지원하며, 사회적 기업이 주도적으로 사업을 하는 형태이다. 사회적 기업이 독자적인 제품기술이 있는 경우에 전개되는 경우로, 그 예로는 노동부의 일자리 사업을 통하여 친환경 사업 등을 추진하는 경우를 들 수 있다.

넷째 모형은 지자체 주도−사회적 기업 협력형이다. 이는 지자체와 사회적 기업이 함께 협력하는 경우로, 지자체가 사업비를 부담하고 사회적 기업이 영업을 하는 형태이다. 이 경우는 사업내용이 지자체가 필요로 하는 사업이지만 사회적 기업이 초기단계인 경우에 나타난다. 따라서 지자체의 사회적 기업에 대한 초기 육성방안으로 볼 수 있다.

제2절 사회적 기업의 발전단계별 운영전략

1. 운영 기준의 11개 측면

(1) 운영 기준의 필요성

앞에서 5대 모형의 발전단계별 순서와 의의, 고찰이유와 특징, 장점과 세부유형 등을 살펴보았다. 따라서 여기에서는 5대 모형의 발전단계별 운영전략과 운영 수준을 고찰하여야 한다.

여기서 운영 수준은 각각의 운영전략을 양적(수량) 또는 범위로 표시한 세부사항을 의미한다. 또한 발전단계별 운영전략은 5대 모형이 예비 사회적 기업형(PCT), 일자리 중심형(WCT), 서비스 중심형(SCT), 통합형(ICT), 네트워크형(NCT) 순서로 전개되는 경우 각각의 순서에서 제시되는 운영 수준의 전체적인 체계인 것이다.

이러한 발전단계별 운영전략이 필요한 이유는 다음과 같다.

첫째, 사업계획서를 작성하는 사회적 기업가에게 발전단계별 운영전략을 제시하여, 사회적 기업을 지속적으로 발전·유지시킬 수 있는 기준으로 활용하도록 하는 것이다. 보통 일반기업에는 이윤추구를 목적으로 기업의 발전을 위한 중장기 사업계획서를 작성하여 기업의 규모와 조직, 사업추진계획, 자금조달 및 차입금 상환계획, 사업의 추정 손익계산을 예상하고 있다. 반면 사회적 기업은 사회적 목적을 추구하는 기업이다.

따라서 사회적 기업은 사회적 목적 즉 사회복지를 지향하는 목적도 있으나 하나의 기업으로 운영해야 하는 조직이므로, 기업관점으로는 반드시 중장기 사업계획서를 작성하여 운영하여야 한다. 그러므로 사회적 기업이 중장기 사업계획서를 작성하는 경우, 발전단계별 운영전략을 하나의 기준으로 제공하고자 하는 것이다.

두 번째 이유로는 발전단계별 운영전략을 사회적 기업 정책결정 과정에서 활용할 수 있는 하나의 지침으로 제시하고자 하는 이유이다. 현재 한국 사회적 기업은 도입 초기인 만큼 일부분은 법에서 규정되어 있으나, 전체적인 관점에서 볼 때 정책적인 운영전략과 운영 수준이 정립되어 있지 않은 상태이다. 그러므로 본서에서 제시한 운영전략과 운영 수준의 세부적인 수치를 참고하여, 정책결정 과정에서 사회적 기업 현황 추이를 분석한 뒤 그 수치를 조정한다면, 보다 설득력 있는 타당한 정책결정이 되리라 생각된다.

(2) 7대 인증요건과 복지마케팅 4Ps

언급한 한국 사회적 기업운영전략과 세부기준인 11가지 운영 수준은 사회적 기업육성법상 7대 인증요건과 복지마케팅 4Ps로 고찰하기로 한다.

먼저 사회적 기업육성법상 7대 인증요건을 운영 수준으로 채택한 이유는 본서의 연구대상이 한국 사회적 기업이므로, 사회적 기업을 규율하는 사회적 기업육성법에서 운영 수준을 찾아야 함은 논리상 당연한 결론이고, 실무에서도 활용가능성이 높기 때문이다.

복지마케팅 4Ps는 한국 사회적 기업가들도 필요로 하는 부분이고,

마케팅이 기업의 성패를 좌우할 중요한 요인이므로 운영 수준으로 채택하였다. 그 예로는 영국에서도 사회적 기업에 대한 마케팅 지원의 중요성을 강조하고 있고(UK DTIc, 2007: 38), 학자들은 사회적 기업의 발전과제로 마케팅 4Ps의 하나인 제품과 서비스의 품질 보증을 언급하고 있다(Borzaga, Carlo & Solari, Luca, 2001: 336).

따라서 본 연구에서는 7가지 운영 수준은 사회적 기업육성법상 7대 인증요건 즉, 조직요건, 근로자요건, 목적요건, 의사결정요건, 수입요건, 정관이나 규약요건, 이윤분배요건을 채택하기로 한다. 그리고 나머지 4가지 운영 수준은 마케팅 4Ps인 제품(product), 가격(price), 유통(place), 촉진(promotion)으로 결정한다.

그리고 11가지의 운영 수준의 수치나 범위는 국가로는 영국, 이탈리아, 미국, 프랑스, 한국을 중심으로 하여, 각국의 법ㆍ제도, 학자들의 연구문헌과 주장, 각국의 현황조사와 설문조사 등을 근거로 제시하고자 한다. 상세한 설명은 후술한다.

2. 사회적 기업의 조직형태

(1) 외국의 조직 유형과 특징

여기에서는 외국에서 인정되고 있는 사회적 기업의 종류와 규모, 특징을 살펴보기로 한다. 먼저 영국에서 사회적 기업의 종류는 3가지로서, 협동조합(co-operatives), 공제조직(mutuals), 자생적 조직(voluntary organizations)이라고 볼 수 있다(Spear, 2001: 253).

이탈리아는 사회적 협동조합(social co-operative)을 사회적 기업을 대표하며, 서비스를 제공하는 A 유형과 일자리를 창출하는 B 유형으로 구분한다.

미국의 사회적 기업은 제3섹터와 혼용하여 사용되고 있다. 미국에서는 보통 사회적 기업은 보통 비영리 단체가 활동 자금을 조달하기 위해서 운영하는 사회적 목적을 가진 일반기업을 의미하고, 형태는 비영리조직의 별도 영리사업법인 형태로 발전하였다. 따라서 사회적 목적 기업(Social Purpose Business), 공동체재산 기업, 공동체기반 사업(Community-Based Business)이란 명칭으로 사용되고 있으나, 1990년대 이후에는 영리와 비영리 간의 구별이 모호하여 벤처기업들까지도 사회적 기업의 범주에 포함되고 있다(홍석빈, 2009: 44).

프랑스에서 사회적 기업 형태는 3가지로서, 협동조합(co-operatives), 상호공제단체(mutuals), 민간단체(결사체, associations)라고 보고 있다(Laville, 2001: 100). 이상으로 설명한 4개국의 비교는 <표 5-2>과 같다.

〈표 5-2〉 4개국의 사회적 기업 조직 유형과 특징 및 규모

국가	영국	이탈리아	미국	프랑스
형태	협동조합, 공제조직, 자생적 조직	사회적 협동조합	제3섹터, 비영리 기관	협동조합, 상호공제단체, 민간단체
법적 근거	있음	있음	없음	있음
기업의 수	5만 5천 개(2006)	1만 8천6백 개(2009년)	137만 5천 개(1990년)	8천4백 개(2007)
고용인원	169만 명(1997)	40만 명(2009년)	930만 명(1990년)	-

(2) 한국의 조직형태와 운영 수준

한국 사회적 기업 조직형태는 크게는 4가지로 민법상 법인, 민법상 조합, 상법상 회사, 비영리 민간단체이다. 세부적으로는 비영리 민간단체에는 공익법인, 비영리 민간단체, 사회복지법인, 생활협동조합, 다른 법률의 비영리단체 등 5가지가 있으므로 총 8가지 조직형태가 있다(법 제8조 제1항 제1호, 영 제8조 각 호). 또한 한국 사회적 기업의 조직형태에서 특별한 점은 개인은 절대로 규정상 사회적 기업을 할 수 없다는 점이다.

이하에서는 순서대로 설명한다.

여기서 민법상 법인은 비영리 사단법인과 비영리 재단법인을 말한다.

민법상 조합은 2인 이상이 상호 출자하여 공동사업을 경영하기로 약정하는 계약으로서, 법인등기가 없는 경우이다. 상법상 회사는 영리사단법인으로서, 상법의 적용을 받는다.

공익법인은 재단법인이나 사단법인으로서, 사회 일반의 이익에 이바지하기 위하여 학자금·장학금 또는 연구비의 보조나 지급, 학술, 자선에 관한 사업을 목적으로 하는 법인을 말한다(공익법인의 설립·운영에 관한 법률 제2조).

비영리 민간단체라 함은 영리가 아닌 공익활동을 수행하는 것을 주된 목적으로 하는 민간단체로서, 구성원 상호 간에 이익분배 금지, 상시 구성원 수가 100인 이상, 최근 1년 이상 공익활동 실적이 있을 것 등의 요건을 갖춰야 한다(비영리민간단체지원법 제2조).

사회복지법인은 사회복지사업을 행할 목적으로 설립된 법인을 말하고(사회복지사업법 제2조 제2호), 생활협동조합은 소비자의 복지향상을 달성하기 위하여 소비자생활협동조합법에 의하여 설립된 비영리법인을 말한다(소비자생활협동조합법 제2조).

이러한 상황에서 관심의 초점은 사회적 기업 발전단계별로 어떻게 조직형태의 방향제시를 해야 하는가이다. 인증기업을 고려할 때, 예비 사회적 기업형(PCT) 단계에서는 상법상 회사와 민법상 법인에 대하여 적극적인 홍보가 필요하다. 그 이유는 인증기업 중 이들의 비율이 65%이기 때문이다. 즉, 상법상 회사와 민법상 법인이 사회적 기업으로 인증되는 비율이 높기 때문에, 이들 조직이 예비 사회적 기업형(PCT) 단계에 위치할 때부터 사회적 기업을 홍보해야 한다는 의미이다.

특히 예비 사회적 기업형(PCT) 단계에서 상법상 회사의 장점은 마케팅 능력을 어느 정도 보유하고 있기 때문에 영업을 통한 판매력이 다른 조직보다 크다는 점, 그리고 상법상 회사가 사회적 책임(CSR)을 실천하는 수단으로 자(子)회사 격인 사회적 기업을 설립하기가 쉽다는 점이다.

그러나 예비 사회적 기업에 대한 설문조사에서는 앞에서 언급한 결과와 다른 결과를 보이고 있다.[45] 설문대상에서 예비 사회적 기업의 조직형태는 사회복지법인이 28개(38%), 비영리 민간단체(비영리법인 포함)가 26개(35%), 민법상 법인이 14개(19%), 기타 5개(7%), 협동조합 1개(1%)로 나타났고, 공익법인이나 주식회사는 없었다. 따라서

---

45) 이 조사는 노동부 연구용역과제에서 사회적 기업의 정의나 사회적 기업육성법 제정의 취지에 부합된다고 예상되는 기관과 그러한 사업을 시행했던 기관 712개 기관을 대상으로 한 조사에서 회수된 74건의 연구 결과를 인용하였다(노동부 a, 2007: 147).

이 조사결과에 의하면 예비 사회적 기업형(PCT) 단계에서 사회복지 법인과 비영리 민간단체의 비율이 높으므로, 이들에 대한 홍보가 필요하다는 의미이다.

부연하면, 인증기준으로 볼 때에는 상법상 회사와 민법상 법인의 비중이 크므로, 예비 사회적 기업형(PCT) 단계에서부터 이들에 대하여 사회적 기업을 홍보해야 한다는 것이고, 설문조사로 볼 때에는 사회복지법인과 비영리 민간단체의 비율이 높으므로, 이들에 대한 홍보가 필요하다는 의미이다.

그러나 본서에서는 어느 결론이 타당한가 여부의 판단은 유보하고자 한다. 그 이유는 사회적 기업이 도입 초기인 만큼 어느 정도 시행착오가 있기 때문이고, 어느 정도 기간이 지나면 보다 정확한 자료로 판단할 수 있기 때문이다. 다만, 일자리 중심형(WCT), 서비스 중심형(SCT), 통합형(ICT), 네트워크형(NCT) 단계에서는 8가지 조직형태가 자신의 조직상황에 맞는 단계를 선택하여 운영하는 것이 필요하다는 점을 조언하고 싶다. 8가지 조직형태는 각 조직마다 중점 임무와 목표, 관리 및 판매능력, 종업원 수가 천차만별이기 때문이다.

따라서 한국 5대 모형의 발전단계와 그에 맞는 사회적 기업의 조직형태는 현 상황에서는 시간적인 한계로 판단되므로 향후 연구과제로 제시하고자 한다.

3. 취약계층인 유급근로자 채용

(1) 취약계층의 의의

취약계층에 대한 개념정의는 다각적인 측면에서 고찰할 수 있다. 취약계층을 고찰하는 이유는 많은 문헌연구에서도 유럽과 미국의 사회적 기업은 실업자와 취약계층을 위한 노동통합의 목적에서 시작되었다고 언급하고 있고, 한국도 취약계층에 대한 일자리 제공을 목적으로 사회적 기업이 시작되었다고 할 수 있기 때문이다.

첫째로 사회복지 차원에서 취약계층의 정의를 살펴본다. 협의의 사회복지 개념은 취약계층에 대한 경제적 지원과 서비스를 제공하는 것이다. 따라서 사회복지 대상인 취약계층을 빈곤계층, 아동, 노인, 장애인 등의 사회적 약자로 한정하고 있다.

둘째로 외국기관 등이 사용하는 취약계층 개념이 있다. EMES 네트워크와 OECD는 사회적 기업을 '사회적 목적을 가진 기업'으로 보고, 사회적 목적의 의미를 '사회적 소외와 실업에 혁신적인 해결책을 제시하는 것'이라고 보고 있다(OECD, 1999: 5; OECD, 1999: 2). 그러므로 사회적 소외를 받고 있는 비숙련 노동자나 이민자들, 노동시장에 진입하지 못하는 청년실업자들, 사회로부터 고립된 일인가구, 노숙자 등을 취약계층으로 보고 있다(김안나 외, 2008: 22).

셋째로 한국 사회적 기업육성법상 취약계층 규정이 있다. 즉, 취약계층을 '자신에게 필요한 사회서비스를 시장가격으로 구매하는 데에 어려움이 있거나 노동시장의 통상적인 조건에서 취업이 특히 곤란한 계층'으로 정의하고 있다(동법 제2조 2호). 이를 세부적으로 살펴보면, 취약계층은 전국 가구 월평균 소득의 60% 이하인 자, 55세 이상 고령자, 장애인, 성매매 피해자, 장기실업자 등 장관이 인정한 자 등이다(동법 제2조 제2호, 영 제2조). 이 중에서 장기실업자는 실업기간이 6개월 이상인 자이고, 장관이 인정한 자는 행정해석으로 인정되는 신용불량자, 갱생보호대상자, 노숙자 등이다(노동부 b, 2007: 18).

넷째로 한국 민간기관 등이 사용하는 취약계층 개념도 있다. 즉, 취업취약계층은 '일반 노동시장에 취업이 곤란하다고 판단되는 구직자로서, 취업의사는 있으나 다른 구직자에 비해 취업능력(학력, 경력, 자격증 등)과 취업기술(이력서 작성, 면접요령 등)이 부족하고 경제적·심리적으로 어려움을 겪고 있어, 심층상담 및 지원이 특별히 요구되는 구직자'라는 것이다(실업극복국민재단 함께일하는사회, 2008: 59).

다섯째로 취약계층에 대한 학자들의 개념도 다양하다. 학자들은 취약계층을 '사회적 약자', '사회적 배제자', '시장실패자', '시장배제자', '분재된 사람들'로 보고 있다.[46]

또한 이탈리아는 사회적 배제자 유형을 가족 문제가 있는 미성년자, 장애자, 마약중독자, 정신병자, 집행유예 중의 죄인, 알코올중독자, 노숙자, 영구적으로 사회 및 고용의 기회를 박탈당할 위기에 놓인 사람에게까지 확대하고 있다(Loss, 2006: 35).

그러므로 앞에서 언급한 외국과 한국의 취약계층에 대한 개념은 결론적으로 비슷하다고 판단된다. 다만, 외국 노동통합 사회적 기업의 경우, 그 대상을 장애인, 사회적 배제자, 심리적·사회적 문제가

---

46) '분재된 사람들'이란 마이크로크레딧 사업의 효시인 방글라데시 그라민은행 창립자인 무함마드 유누스 교수가 언급한 용어이다. 그는 2006년 노벨상평화상 수상연설에서, 큰 나무의 씨앗도 작은 화분에 심으면 작은 나무가 된다고 주장하면서, 가난한 사람은 사회가 작은 화분처럼 성장할 환경을 제공하지 않아 생겨난다고 언급하였다(Yunus, 2008: 317).

있는 사람들의 재사회화,[47] 장기실업자 등 4유형으로 규정하고 있는 점을 고려한다면(조영복, 2007: 90-91), 외국은 심리적 · 사회적 문제가 있는 사람들에 대한 관심이 높다고 볼 수 있다.

(2) 적정한 유급근로자 수

앞에서는 국가별 학자별 취약계층의 개념을 살펴보았다. 모든 사회적 기업은 이러한 취약계층을 근로자로 채용하여 일자리를 제공해야 하는 것이 목적임은 앞에서 살펴보았다. 그렇다면 한국 사회적 기업 5대 모형도 발전단계별로 근로자를 어느 정도 채용하여야 적정한 채용숫자인가를 판단하는 것이 필요하다. 그 이유는 한국법 규정에서는 적정한 채용숫자가 모호하게 규정되어 있기 때문이다.

먼저 사회적 기업 인증요건으로는 '유급근로자를 고용하는 것'이라고 규정되어 있을 뿐 적정한 숫자는 제시되지 않고 있다(법 제8조 제2호). 또한 사회적 목적 실현의 구체적 판단기준에서도 유형별로 전체 근로자 대비 취약계층 비율만 규정되어 있고 적정한 숫자는 없다.

따라서 모호하게 규정된 법규정을 보완하기 위하여, 외국기업의 예와 한국의 중소기업법을 참고하여, 한국 사회적 기업 5대 모형을 발전단계별로 적정한 근로자 수를 제시하고자 한다.

먼저 외국에서 사회적 기업과 사회적 기업으로 전환이 가능한 기업의 총 숫자를 기준으로, 기업 1개소가 채용하는 평균 유급근로자 수는 영국이 14.4명, 이탈리아가 13.2명, 프랑스가 11.4명, 미국이 6.8

---

47) 사회화(社會化, socialization)란 인간이 사회의 구성원이 되기 위해서 여러 가지를 배워 사회를 이루며 살아갈 수 있는 능력을 갖춘 것을 말한다. 재사회화(再社會化, resocialization)란 사회변동과 새 환경에 적응하기 위해 새롭게 사회화하는 과정을 의미한다.

명으로, 4개국 평균은 11.6명 수준이다. 상세한 국가별 기업 수와 근로자 현황은 <표 5-3>와 같다.

〈표 5-3〉 외국 사회적 경제의 숫자와 고용 현황

국가	협동조합	상호공제조합	민간단체	계(A)	전체 임금노동자(B)	평균 임금 노동자 수(B/A)
영국	190,458	47,818	1,473,000	1,711,276	24,568,280명	14.4명
이탈리아	837,024	*	499,389	1,336,413	17,725,710명	13.2명
프랑스	439,720	110,100	1,435,330	1,985,150	22,725,763명	11.4명
미국				1,375,000	9,300,000명	6.8명
계	1,467,202	157,918	3,407,719	6,407,839	74,319,753명	11.6명

자료: 엄형식, 2008: 85. 수정인용.
설명: - 사회적 기업을 포함한 숫자임.
- * 표시는 상호 공제조합이 협동조합 수에 포함.

한국의 경우, 예비 사회적 기업의 근로자는 50인 이상이 25개(34%), 11~15인이 18개(24%), 6~10인이 15개(20%), 20~50인이 13개(18%), 5인 이하 2개(3%)이다(노동부 a, 2007: 143-4). 그리고 인증된 사회적 기업의 수는 218개, 유급근로자는 6,565명이므로 기관 평균 유급근로자는 30명이고, 100인 이상인 사업장이 8개, 10인 이하의 소규모 사업장이 27개이다(노동부, 2009: 12-3).

그리고 한국에서 중소기업을 상시근로자를 기준으로 분류하면, 제조업과 사회복지사업은 300명 미만이고, 농업과 임업 및 어업은 200명 미만, 부동산업 및 임대업은 50명 미만으로 규정되어 있다(중소기업기본법 제2조 제1항, 영 제3조 제1호 별표 1).

따라서 한국 사회적 기업의 유급근로자를 다음과 같이 제안하고자 한다. 첫째, 예비 사회적 기업형(PCT)과 사회적 기업 인증 시의 유급근로자는 실무적으로 가능한 범위의 숫자로 결정되어야 한다. 예비 사회적 기업의 관리 및 운영능력을 넘는 근로자의 숫자 제시는 탁상 행정에 불과할 뿐만 아니라, 예비 사회적 기업가에게 사회적 기업으로 인증받고자 하는 의지를 봉쇄하는 역기능으로 작용할 경우가 있기 때문이다.

외국의 경우, 앞에서 언급한 4개국 유급근로자의 평균이 11.6명 수준인 점, 영국의 사회적 회사의 일자리 창출이 10명 정도인 점(Aiken, 2006: 25), 한국의 인증된 사회적 기업 중 10인 이하의 소규모 사업장도 있다는 점 등을 감안한다면, 첫 단계는 10인 이하가 합리적이고 적정한 수준으로 판단된다. 그러므로 예비 사회적 기업형(PCT)과 사회적 기업 인증 시의 유급근로자는 10인 미만으로 제시하기로 한다.

둘째, 사회적 기업인 일자리 중심형(WCT), 서비스 중심형(SCT), 통합형(ICT), 네트워크형(NCT)의 유급근로자 수는, 실무에서는 활동 분야별로 차이가 있으므로 적절하게 탄력적으로 운영함이 바람직하리라 생각된다. 그 이유는 사회적 기업이 지역별 또는 영업 분야별 그리고 미래지향적인 경영 여부에 따라 천차만별의 다양한 형태로 운영되리라 예상되기 때문이다.

세부적으로 살펴보면, 30인, 50인, 100인, 300인이 기준 숫자이다. 먼저, 30인 기준은 인증된 사회적 기업의 평균 유급근로자가 30명인 점을 고려하였다. 그리고 50인 기준은 중소기업 중에서 부동산업 및 임대업이 50명 미만인 점, 예비 사회적 기업 중에서 50인 이상인 기업도 존재한다는 점을 근거로 도출하였다. 또한 100인 기준은 인증된 사회적 기업 중 100인 이상인 사업장이 8개인 점, 중소기업 중에서 농업, 임업 및 어업이 200명인 점, 중소기업 중에서 제조업과 사회복지사업은 300명 미만인 점 등을 고려하여 기준으로 삼았다.

결과를 보면, 10인 이상~30인 미만, 30인 이상~50인 미만, 50인 이상~100인 미만, 100인 이상~300인 미만의 단계로 운영함이 바람직할 것으로 보인다. 따라서 일자리 중심형(WCT), 서비스 중심형(SCT), 통합형(ICT), 네트워크형(NCT)의 유급근로자 수는 각각의 상황에 따라 2단계는 10인 이상~30인 미만, 3단계는 30인 이상~50인 미만, 4단계는 50인 이상~100인 미만, 5단계는 100인 이상~300인 미만으로 제시한다. 물론 이 숫자는 하나의 기준치로 제시할 뿐이고, 사회적 기업에 대한 정책결정의 방향이나 인증시기별 사회적 기업의 현황, 향후 사회적 기업의 운영결과에 따라 탄력적으로 운영되어야 한다.

4. 사회적 목적의 실현 형태

(1) 외국 사회적 기업의 사회적 목적

외국에서는 사회적 기업을 사회적 목적을 실현하는 기업으로 정의하고 있다.

먼저, EMES 네트워크는 사회적 목적을 '사회적 소외와 실업에 혁신적인 해결책을 제시하는 것'으로 보고 있다(OECD, 1999: 5).

그리고 영국의 통상산업부는 사회적인 목적을 '사회의 불공평과 사회적 배제와 같은 문제를 극복하는 것'으로 정의하고 있다(UK DTIc: 10). 세부적으로는 '정신지체 장애인, 노숙자, 장기실직자 등, 비즈니스에서 고용할 수 없거나 또는 고용하지 않는 취약계층을 위해 보조적인 비즈니스 환경에서 취업 및 훈련 기회를 제공'하는 것이라고 보고 있다(Aiken, 2006: 26).

한편, 이탈리아는 '사회적 배제'를 사회적인 목적으로 보고 그 역할을 사회적 협동조합이 수행하도록 하였고(Borzaga & Santuari, 2001: 177-8), 사회적 배제를 위하여 B형 협동조합에는 일정비율로 취업취약계층 고용의무를 부여하고 있다. 또한 A형 협동조합은 사회적 배제자 유형을 노인, 가족 문제가 있는 미성년자, 장애자 등으로 보고 있으며, 최근에는 전통적인 불리한 취약계층(마약중독, 정신병)뿐 아니라 집행유예 중의 죄인, 알코올중독자, 노숙자 및 영구적으로 사회 및 고용의 기회를 박탈당할 위기에 놓인 사람에게까지 확대하고 있다(Loss, 2006: 35).

미국에는 다양한 비영리단체가 있으므로 사회적인 목적도 다양하다. 즉, 예를 들면 일자리 창출, 소외된 지역을 되살리기 위해서 구상된 지역사회 개발, 실업자와 복지 수혜자들을 노동 시장에 통합시키기, 취약한 도시와 농촌 지역의 발전, 노인 돌보기와 신종 빈민을 위한 새로운 서비스 등이 사회적인 목적으로 제시되고 있다(Defourny, 2006: 4-5; OECD, 1999: 34; 김정원, 2009: 60-61).

미국의 로버츠기업개발재단(REDF: Roberts Enterprise Development Fund)은 저소득자에게 경제적인 기회를 제공하는 것을 사회적인 목적으로 생각하고 있다(Sutia Kim Alter, 2004: 4). 또한 사회적 기업 컨설팅업체인 버추벤처스(Virtue Ventures LLC)는 사회적 목적을 시장실패나 사회문제를 감소시키거나 완화시키는 것이라고 보고 있다(Sutia Kim Alter, 2004: 5).

따라서 외국 사회적 기업의 사회적 목적은 대체로 실업과 빈곤에 대처, 부족하거나 새로운 사회서비스 제공(사회복지 서비스 포함), 지역개발 추진 등 3가지라고 볼 수 있다.

(2) 한국 사회적 기업의 사회적 목적

사회적 기업육성법상 사회적인 목적은 세부적으로 3가지로 규정되어 있다. 첫째로 사회적인 주된 목적이 일자리 제공인 경우는, 전체 근로자 중 취약계층의 고용비율이 2011년 6월 30일까지는 30%, 2011년 7월부터는 50% 이상이라야 한다. 둘째로 사회적인 주된 목적이 서비스 제공인 경우는, 전체 서비스 수혜자 중 취약계층의 비율이 2011년 6월 30일까지는 30%, 2011년 7월부터는 50% 이상이라야 한다. 셋째로 2가지를 동시에 제공하는 경우는, 취약계층의 고용비율이 30% 이상(2011년 6월 30일까지는 20%)이고 동시에 전체 서비스 수혜자 중 취약계층의 비율이 30% 이상(2011년 6월 30일까지는 20%)이라야 한다는 규정이다(영 제9조 제1항 각 호). 여기서 일자리 제공인 경우, 취약계층의 고용비율이 2011년 6월 30일까지는 30%인 사항은 이탈리아와 동일하다.

이탈리아는 1991년 11월 제정된 사회적 협동조합을 규제하는 법(Law 381/91)에서, B형 사회적 협동조합은 종업원의 30% 이상을 취업 취약계층으로 고용할 의무가 있다고 규정하였다(Borzaga, Carlo & Santuari, 2001: 171－172; OECD 대표부, 2006: 11; Loss, 2006: 34). 또한 2006년 3월 24일에 제정된 사회적 기업에 대한 새 이탈리아 법(2006년 3월 24일 법률 제155호)도 사회적 기업의 종업원의 30%는 취약계층이거나 장애인이어야 한다고 규정하고 있기 때문이다(동법 제2조 제2항, 사회투자지원재단b, 2009: 59-65).

그러나 한국 사회적 기업육성법의 규정으로는 취약계층의 일자리를 창출하기에는 다소 미흡한 점이 있다. 간단한 산술수치로 비교를 보면, 이탈리아는 앞에서 언급한 바와 같이 사회적 기업으로 전환할 수 있는 전체 기업이 1,336천 개이고 유급근로자는 17,726천 명이다. 그러므로 17,726천 명 중에서 30%가 취약계층으로 의무고용이 된다면, 5,318천 명이 된다.

반면, 한국은 218개, 6,565명(1개소 평균 30명)으로, 취약계층 30%로 계산해 봐야 2천 명 수준이다. 또한 2007년부터 2008년까지 251개가 인증받았으므로 1년 평균 130개 이하 수준이다. 그러므로 2009년부터 10년간 산술적인 계산으로 보면, 인증예상 총 숫자는 1,300개이고, 증가가 예상되는 유급근로자 총 숫자는 39,000명(1,300개×1개소 평균 30명), 그중에서 취약계층은 50%를 적용해도 19,500명(39,000명×50%)으로 사회적 목적을 달성하기에는 부족한 숫자이다.

물론 이 계산식은 향후 한국 사회적 기업이 활성화되는 경우를 고려하지 못한 산술적인 계산으로서 최소한의 숫자이지만, 본서는 최소한의 숫자에서 유비무환적인 정책적인 대안도 고려해야 한다고 제안하고자 한다.

그러므로 본서에서는 2가지 방안을 제시하고자 한다. 하나는 사회적 기업의 인증요건을 대폭 간소화하여 사회적 기업의 수를 늘리는 것이다. 다른 하나는 사회적 기업 인증 시에는 취약계층 의무 고용비율을 50%로 하고, 1~2년 후에는 70%로 올리는 방법도 있다. 근거는 이탈리아의 사회적 협동조합의 경우 평균 고용인원은 17명이고 그중 취약계층은 7명 정도로 40% 수준이므로(조영복, 2007: 57), 한국 의무 고용비율을 50%로 하는 것도 큰 무리가 없는 것으로 판단된다. 또한 70%로 올리는 경우에는 50%를 초과하는 인원 1인당 2년 동안 인건비 전액을 지원하는 방안도 있다.

따라서 예비 사회적 기업형(PCT)에서 사회적 기업으로 인증 시에는 취약계층 의무 고용비율을 50%로 하고, 일자리 중심형(WCT), 서비스 중심형(SCT), 통합형(ICT), 네트워크형(NCT)의 경우는 의무 고용비율을 70%로 상향하는 방안을 제안한다.

5. 민주적 의사결정 운영

(1) 외국의 의사결정 방법

EMES 네트워크에서 채택하고 있는 사회적 기업의 일반적 특징은 경제적 측면과 사회적 측면으로 구분하고 있다. 그중에서 후자인 사회적 측면 중 하나가 '자본소유에 근거하지 않는 의사결정 방식' 즉, 민주주의적인 의사결정 방식이다. 민주주의적인 의사결정이란 조직의 회원들은 출자분에 상관없이 의사결정에서 '1인 1표(one number, one vote)'만을 행사하는 것을 말한다. 만약 출자분에 비례하여 의사결정을 한다면 '1주(株) 1표(one share, one vote)제'가 된다.

그러므로 민주주의적인 의사결정에서는 '1주(株) 1표제'를 배제하는 의미이며, 최고의사결정기관인 이사회에서 자본소유(capital ownership)에 근거하지 않는 의사결정 방식을 의미한다. 그 이유는 사회적 기업에서 자본소유도 중요하나 의사결정 권한은 다른 이해관계자들과 공유해야 하기 때문이다(Defourny, 2001: 7, 17-8; OECD 대표부, 2006: 7-8).

그리고 영국에서도 사회적 기업인 '산업공제조합(industrial provident society)'은 조합원이 주식을 보유하는 것은 인정하나, 의사결정은 민주주의적인 의사결정 방식인 '1인 1표제(one vote each)'를 채택하고 있다(Spear, 2001: 254-5).

그러나 이탈리아의 경우, 2006년 3월 24일에 제정된 사회적 기업에 대한 새 이탈리아 법(2006년 3월 24일 법률 제155호)에는 민주주의적인 의사결정 규정이 없다. 이 규정이 없는 이유는 새 이탈리아 법이 사회적 기업의 법적 자격을 제한하지 않기 때문이다.

따라서 새 이탈리아 법은 협동조합(조합원이 종업원이든 생산자이든 소비자이든), 기업법인 혹은 협회나 재단법인 같은 전통적 비영리 회사 등을 사회적 기업으로 인정하고 있다(사회투자지원재단b, 2009: 65). 반면, 한국은 이와는 달리 서비스 수혜자, 근로자 등 이해관계자가 참여하는 의사결정구조를 명시하고 있다(법 제8조 제1항 제4호).

(2) 한국의 민주적 의사결정

한국 사회적 기업의 의사결정구조는 서비스 수혜자, 근로자 등 이해관계자(stakeholder)가 참여하는 의사결정구조이다(법 제8조 제1항 제4호). 따라서 주주, 근로자, 서비스 수혜자, 지역사회인사, 후원자 대표 등의 참여로 민주적 의사결정방식을 채택하고 있다(노동부 b, 2007: 6). 노동자대표가 참여하므로 산업민주주의 형식을 띠고 있다

(곽효문, 2005: 107 - 10). 주주가 있는 이유는 상법상 회사 즉, 합명회사, 합자회사, 주식회사, 유한회사도 사회적 기업으로 활동할 수 있기 때문이다.[48]

주의할 점은 예비 사회적 기업형(PCT)의 경우, 사회적 기업에서 탈락사례를 참작하여 의사결정구조를 구성해야 한다는 점이다. 탈락사례를 보면, 첫째로 의사결정구조를 구성하지 않거나, 구성에 대한 내용을 정관 등에 명시하지 않은 경우, 둘째로 특정 이해관계자를 배제하는 경우 즉, 근로자 대표가 배제되는 경우, 셋째로 부적합한 이해관계자로만 구성되는 경우로서, 사업과 관계가 없는 단순 외부인사로 구성한 사례 등이다(실업극복국민재단, 2008. 5: 21).

문제는 법 규정은 의사결정구조로 표현하고 있고, 정부자료에는 민주적 의사결정방식이라고 언급하고 있는 점이다. 또한 이와 관련 규정으로는 중요사항의 의결방식은 정관이나 규약에 기재한다는 점이다(법 제9조 제1항 제5호). 따라서 이를 해석하면, 법 규정상 의사결정구조는 정부자료의 민주적 의사결정방식과 동일한 의미이고, 중요사항의 의결방식은 정관이나 규약에 기재하는 방식을 취한다는 의미로 볼 수 있다.

부연하면, 의사결정구조는 이사회, 총회, 중요 의사결정 사항의 의견 수렴을 위한 별도 회의체 구성 등을 정관, 규약 등에 서면으로 규정함이 바람직하다(노동부 b, 2007: 29).

---

48) 합명회사(合名會社)는 무한책임(無限責任)사원만으로 구성되는 회사이며, 사원은 회사의 채무를 회사채권자에 대하여 직접 연대하여 변제할 무한책임을 진다. 합자회사(合資會社)는 무한책임사원과 유한책임사원으로 구성되는 회사이다. 주식회사(株式會社, company limited by shares)는 사원인 주주(株主)의 출자로 이루어지며, 주주는 유한책임이다. 유한회사(有限會社, private company)는 사원이 회사에 대하여 출자금액을 한도로 책임을 질 뿐, 회사채권자에 대하여 아무 책임도 지지 않는 사원으로 구성된 회사이다.

그러므로 여기에서는 추가로 2가지의 개념해석이 더 필요하다. 첫째, 정관이나 규약에 기재하는 '중요사항의 의결방식'에 대한 개념해석이 필요하다. 그 이유는 상법상 회사와 그 이외의 조직은 의사결정방식이 전혀 다르기 때문이다.

이는 2가지 관점에서 해석해야 된다고 본다. 하나는 상법상 회사 관점이고, 또 하나는 그 이외의 조직 관점이다. 먼저 상법상 회사 관점에서 보면, 회사는 사회적 기업을 하부조직으로 또는 회사와 별도로 독립된 조직으로 설립할 수 있다. 이 경우에서 의사결정방식은 사회적 기업이 회사의 하부조직이면 '1주(株) 1표제'로, 독립조직이면 '1인 1표제'를 취할 수 있다. 다음으로 그 이외의 조직은 당연히 '1인 1표제'로 운영되어야 한다.

둘째, '중요사항의 의결방식'에서 의사정족수와 의결정족수 결정이 필요하다. 의사정족수는 회의를 진행하는 데 필요한 구성원의 출석수를 말하며, 의결정족수는 의사를 결정하는 데 필요한 구성원의 출석 수를 말한다. 전자는 회의가 정당하게 개최(성립)되었는가의 문제이고, 후자는 그 회의에서 결정이 효력이 있는가의 문제이다.

보통 의사정족수와 의결정족수 결정은 보통결의나 특별결의 방식을 취한다. 보통결의는 의결권자 과반수의 출석(의사정족수)과 출석자 과반수의 찬성(의결정족수)으로 의결하는 것이 원칙이다. 특별결의는 예를 들면 의결권자 과반수의 출석(의사정족수)과 출석자 2/3 이상의 찬성(의결정족수)으로 의결하는 것이다. 따라서 국회의 절차와 같이 사회적 기업의 중요사항은 보통결의로 하고, 특히 중대한 사항은 특별결의로 함이 바람직하다고 본다.[49]

따라서 예비 사회적 기업형(PCT), 일자리 중심형(WCT), 서비스 중심형(SCT), 통합형(ICT), 네트워크형(NCT) 등 모든 사회적 기업이 중요사항은 보통결의로 하고, 특히 중대한 사항은 특별결의로 할 것을 제시한다.

6. 사회적 기업의 수입조건

(1) 수입조건의 의미

사회적 기업은 사회복지를 지향하는 기업임은 전술하였다. 기업이라는 의미는 영업활동을 통해 수익을 창출해야 한다는 의미이다. 영업활동이란 사회적 기업이 단순히 공익적 재화와 서비스를 전달하기만 해서는 안 되고, 기업가적 방식을 따라 공익적 재화와 서비스를 전달해야 한다는 의미이다.

외국과 한국 사회적 기업들은 시장에서 상품과 서비스를 팔거나 정부에 서비스를 제공하는 계약을 체결하여 매출을 올리고 있다. 또한 기업이라는 의미는 영업활동이 최소한 손익분기점에 위치하여야 조직이 장기적으로 운영될 수 있다는 의미이기도 하다. 손익분기점 (BEP, break-even point)은 일정기간의 매출액이 총비용과 일치하는 점으로, 기업의 손실이 없는 상태이며 또한 이익이 발생하는 시점이

---

49) 먼저, 의사정족수는 한국 국회에서는 재적의원 과반수의 출석을 필요로 한다. 상법에서는 총회의 결의는 정관에 다른 정함이 있는 경우를 제외하고는 의사정족수에 대한 제한이 없다(제368조). 그리고 의결정족수는 국회의 경우 원칙적으로 재적의원 과반수의 출석과 출석의원 과반수의 찬성이 필요하다(헌법 제49조, 국회법 제109조). 다만, 법률안의 재의(再議)는 재적의원 과반수의 출석과 출석의원 2/3 이상의 찬성을, 헌법의 개정은 재적의원 2/3 이상의 찬성을 필요로 한다(헌법 제53조, 제130조). 상법에서는 보통결의의 경우는 의결권의 과반수(상법 368조 1항), 특별결의는 상법이나 정관에 특별규정이 있을 때만 가능하며 의결권의 2/3 이상이다.

기도 하다.

따라서 사회적 기업의 수입조건은 매출액을 의미하나, 실제 기업 운영에는 매출액과 후원금, 기부금 등을 합한 것이라고 볼 수 있다.

(2) 한국의 수입조건

여기서는 기업의 발전단계별로 차이가 있다. 우선 예비 사회적 기업형(PCT)이 인증받을 경우에는, 신청 전 6개월 동안 영업 총수입이 총 노무비의 30% 이상을 요건으로 하고 있다(영 제10조). 즉, 총 노무비에 대한 총수입 비율이 30% 이상이라는 점이다.

예를 들어 7월에 신청한다면 1~6월간에 총수입/총 노무비≥30%라야 한다. 그리고 영업 총수입은 매출액이나 지자체 등과의 위탁계약에 따른 수입이다. 단, 회비나 후원금 그리고 정부나 지자체의 지원금은 포함하지 않는다. 또한 노무비는 근로제공의 대가로 지급되는 각종 비용으로서, 임금, 급여, 퇴직급여 등을 말한다. 그러나 간접노무비인 법인부담 사회보험료, 퇴직급여 충당금 등은 제외한다(실업극복국민재단, 2008. 5: 49). 이러한 규정이 있는 이유는 사회적 기업에 시장에서 매출을 통한 수익 창출능력이 요구되기 때문이다.

유의할 점은 총수입과 총 노무비는 증빙서류로 제출해야 한다는 것이다. 총수입 증빙서류로는 재무제표(손익계산서), 부가가치세과세표준증명(세무서 발급), 일반과세자 부가가치세(세무서 발급), 총계정원장(계정원장, 매출장, 현금출납장 등), 현금출납부, 결산보고서 중에서 택일하여 제출한다. 총 노무비 증빙서류로는 재무제표(손익계산서), 임금대장 등 중에서 택일한다(실업극복국민재단, 2008. 5: 50). 실무적으로는 총계정원장과 임금(급여)대장은 반드시 제출하도록 하고 있다.

반면, 사회적 기업에 대한 새 이탈리아 법(Law 155/06)에서는 사회적 기업의 주요업무는 기업활동으로 구성되어야 하고, 영업수입이 전체 수입의 70% 이상이어야 한다고 규정하고 있다(사회투자지원재단 b, 2009: 61). 즉, 전체 수입 중 영업수입은 70% 이상, 후원금 등 기타 수입이 30% 미만이라는 의미이다. 그리고 매년 일반적인 재정 대차 대조표 외에 사회적 목표의 달성 현황을 입증하는 '사회적 대차대조표'까지 작성해 공공장부에 기록하고 보관하도록 하고 있다(동법 제10조).

따라서 일자리 중심형(WCT), 서비스 중심형(SCT), 통합형(ICT)의 경우는 일정기간 유예기간을 두고 총수입 비율을 증가시키는 방안이 필요하다. 예를 들어 인증 시에는 총수입 비율이 30% 이상이지만, 인증 후 1년 이내에는 50% 이상으로, 2년 이내에는 70% 이상으로, 3년 이내에는 100%로 하여 자립시키는 방안도 필요하다. 3년을 기준으로 한 근거는 중소기업이 그 규모의 확대 등으로 중소기업에 해당하지 아니하게 된 경우, 그 사유가 발생한 연도의 다음 연도부터 3년간은 중소기업으로 본다는 규정을 원용하였다(중소기업기본법 제2조 제3항).

그리고 네트워크형(NCT)은 사회적 기업으로 안정적인 활동 단계에 있으므로 이탈리아처럼 영업수입을 전체 수입의 70% 이상으로 규정하는 방안도 제시하고자 한다.

7. 정관이나 규약요건의 구비

(1) 정관이나 규약요건의 중요성

정관(articles of incorporation)은 법인의 조직·활동을 정한 기본규칙이고, 규약(an agreement)은 조직 내부적으로 준수하도록 협의하여 정한 규칙을 말한다. 한국 사회적 기업 조직형태는 8가지로서, 민법상 법인, 민법상 조합, 상법상 회사, 공익법인, 비영리 민간단체, 사회복지법인, 생활협동조합, 다른 법률의 비영리단체 등이 있다(법 제8조 제1항 제1호, 영 제8조 각 호).

이 중에서 민법상 법인은 민법에 의거, 상법상 회사는 상법에 의거하여 정관을 작성하고, 일정사항을 기재하여야 한다. 그리고 공익법인, 비영리 민간단체, 사회복지법인, 생활협동조합, 다른 법률의 비영리단체 등은 각기 규율하는 법에 의거하여 정관을 작성하여야 한다. 민법상 조합은 2인 이상이 상호 출자하여 공동사업을 경영하기로 약정하는 계약이므로, 규약을 작성한다.

정관의 효력 측면에서 중요한 점은 법인의 종류에 따라 필요적 기재사항과 임의적 기재사항이 있다는 점이다. 먼저, 필요적 기재사항은 반드시 기재해야 하는 것으로, 그중 한 가지를 빠뜨려도 정관 전체가 무효가 되는 것(절대적 기재사항)과 기재하지 않아도 정관 자체의 효력에는 영향이 없지만, 기재하지 않으면 그 사항에 대해서 법률상의 효력이 발생하지 않는 것(상대적 기재사항)이 있다.

다음으로 임의적 기재사항은 강행규정 또는 선량한 풍속 기타 사회질서에 위배되지 않는 한, 법인이 필요한 사항을 기재할 수 있다(민법 제103조). 그러나 기재 후 변경에는 정관변경의 절차가 요구된다.

예를 들어 민법상 재단법인 정관의 필요적 기재사항은 목적, 명칭, 사무소의 소재지, 자산에 관한 규정, 이사의 임면에 관한 규정 등 5가지이다(민법 제43조). 민법상 사단법인의 정관에는 재단법인 5가지 기재사항과 사원 자격의 득실에 관한 규정, 존립시기나 해산사유를 정하는 때에는 그 시기 또는 사유 등 7가지를 기재한다(민법 제40조).

또한 주식회사 정관의 절대적 기재사항은 회사의 목적, 상호, 회사가 발행할 주식의 총수, 1주의 금액, 회사 설립 시에 발행하는 주식의 총수, 본점의 소재지, 회사가 공고를 하는 방법, 발기인의 성명 · 주민등록번호 및 주소이다(상법 제289조 제1항). 주식회사 정관의 상대적 기재사항은 발기인의 특별이익, 현물출자, 재산양수, 설립비용, 발기인의 보수이다(상법 제290조).

(2) 한국의 정관이나 규약요건 규정

한국 예비 사회적 기업형(PCT)이 사회적 기업으로 인증 신청하는 경우에는 정관이나 규약에 10가지 사항을 기재하여야 한다(법 제9조, 영 제11조). 즉, △목적, △사업내용, △명칭, △주된 사무소의 소재지, △기관 및 지배구조의 형태와 운영 방식 및 중요 사항의 의사결정 방식, △수익배분 및 재투자에 관한 사항, △출자 및 융자에 관한 사항, △종사자의 구성 및 임면에 관한 사항, △해산 및 청산에 관한 사항(상법상 회사인 경우에는 배분 가능한 잔여재산이 있을 경우 잔여재산의 3분의 2 이상을 다른 사회적 기업 또는 공익적 기금 등에 기부하도록 하는 내용이 포함), △기타 대통령령이 정하는 사항(지부, 재원조달, 회계에 관한 사항)이다.

반면, 이탈리아 사회적 기업은 내규에 들어갈 기본사항을 예시하고, 내규는 서면으로 작성해 공증을 거쳐야 하며, 적립금은 공공장부에 기록하도록 의무화하고 있다(이탈리아법 제5조). 그러나 한국은 정관이나 첨부서류를 제출하여 사회적 기업으로 인증을 받는 절차를 거친다(법 제8, 9조).

따라서 한국에서 일자리 중심형(WCT), 서비스 중심형(SCT), 통합형(ICT), 네트워크형(NCT)으로 운영하는 경우에는, 인증신청부터 정관이나 규약사항 중에서 목적, 사업내용, 수익배분 및 재투자 사항, 종사자의 구성 및 임면 사항을 중심으로 세부적인 내용을 정립하여야 한다. 그 이유는 이들 규정내용이 바로 각 모형의 특징을 나타내는 척도이기 때문이다.

각 모형별로 예를 들어 설명한다. 첫째, 사회적 기업이 일자리 중심형(WCT)이라면, 목적을 '일자리 창출과 유지'로 하고, 사업내용은 수개를 구체적으로 기재하는 것이 중요하며, 종사자 채용은 세부적으로 '00년 00명 이상 신규채용'과 같이 수량적으로 설정하는 것이 바람직하다. 각 연도별로 일자리 제공의 목표를 정하지 않으면 목표달성에 대한 조직전체 구성원들의 책임감이 떨어질 뿐만 아니라 일자리 중심형(WCT)으로서의 정체성도 모호해지기 때문이다. 또한 수익의 재투자도 수익을 새로운 일자리를 창출할 수 있는 신규영업 분야의 개척이나 영업판로를 지역적으로 넓혀 일자리 수를 늘리는 방향으로 최우선 투자하도록 유도해야 한다.

둘째, 사회적 기업이 서비스 중심형(SCT)이라면, 목적을 '00지역에 부족한 00서비스 00회 제공' 또는 '00지역에 새로운 00서비스 00회

제공'으로 명확히 설정하는 것이 바람직하다. 불투명하고 모호한 목표설정은 목표에 대한 정확한 활동을 제시하지 못하므로, 조직 전체 구성원들의 단합된 능력을 집약시킬 수 없다. 수익의 재투자도 어떤 서비스가 어느 정도 부족한지, 어떠한 새로운 서비스가 어느 정도 필요한지를 조사하는 연구조사에 적극 투자하여야 한다. 이는 후술하는 제품 개발 전략이다.

셋째, 통합형(ICT)은 일자리 중심형(WCT)과 서비스 중심형(SCT)을 상황에 맞는 수준으로 운영하고, 네트워크형(NCT)에서는 목적, 재투자, 종사자에 대한 관점을 지역에서 벗어나 전국적인 차원에서 운영함이 필요하다. 이 모형에서는 본점과 지점, 본사와 체인점 또는 가맹점이라는 연계조직이 발생할 수 있고, 제품판매 연합체나 총판 같은 대규모 조직이 파생될 수 있다.

8. 사회적 목적 차원의 이윤 분배 조항

(1) 외국의 이윤 분배 조항

이윤 분배란 사회적 기업 운영결과 이윤이 발생한 경우, 이윤을 누구에게 어느 정도 배분할 것인가를 결정하는 것이다. 유럽의 사회적 기업은 대체로 조합원에게의 합리적인 분배를 인정하고 있다. 반면, 미국의 비영리 단체는 어떠한 분배도 부정하고 있다(Defourny, 2001: 9).

영국의 사회적 기업은 지역공동체 이익회사법(CIC)에 의거하여 지역공동체 이익회사도 될 수 있다. 지역공동체 이익회사는 사적인 자산·영업 양도로부터 기업을 보호하고, 회사의 이윤과 자산을 공동체의 이익을 위해 사용한다(사회투자지원재단b, 2009: 11). 그러나 영국의 보통 사회적 기업은 35%(공공기관이 상한선 설정), 프랑스는 50% 이상을 배분할 수 없다(노동부, http://www.socialenterprise.go.kr/).

한편, 이탈리아에서는 사회적 협동조합법에서 회원에게 이익배분을 부분적으로 허용하고 있으나, 전체 이익의 80% 이상을 배분할 수 없고, 주식당 이익배분율도 2%를 초과할 수 없도록 규정되어 있다(Borzaga, Carlo & Santuari, 2001: 170−171; Loss, 2006: 33−35).

그러나 2006년 3월에 제정된 사회적 기업에 대한 새 이탈리아 법(Law 155/06)은 사회적 기업의 비영리 목적을 중요시하여, 2가지 이윤 분배금지 형태를 규정하였다. 하나는 이윤이나 자산분배 금지로서, '사회적 기업은 수입을 핵심 사업이나 자산 증가에 투자해야 한다(동법 제3조 제1항)'와 '사회적 기업은 직접적이든 간접적이든 어떤 형태의 이윤이나 자산도 이사, 투자자, 회원, 종업원, 합자인에게 분배할 수 없다(동법 제3조 제2항)'는 규정이다. 또 하나는 간접적 이윤 분배금지로서, 동종업계가 지급하는 보수보다 사회적 기업의 이사진 임금이 20% 이상 많으면 간접적 이윤분배로 간주한다는 조항이다(동법 제3조 제3항).

(2) 한국의 이윤 분배 조항의 특징

한국 사회적 기업은 상법상 회사를 제외하고는 이윤 분배와 관련한 규정이 없다. 다만, 상법상 회사는 회계연도별로 배분 가능한 이윤이 발생한 경우에, 이윤의 2/3 이상(67%)을 사회적 목적을 위하여 사용해야 한다(법 제8조 제7호). 취지는 상법상 회사에게 이익 분배를 자유롭게 하게 한다면, 영리기업인 사회적 기업은 한편으로는 정부의 다양한 지원을 받으면서, 한편으로는 이윤을 추구하고 배당하여 일반 기업과의 형평성에 문제가 발생할 수 있기 때문에 이를 방지하고자 함이다(노동부, http://www.socialenterprise.go.kr/).

따라서 상법상 회사가 아니면 이윤 분배를 다양하게 할 수 있으므로, 앞에서 언급한 정관 등 기재사항인 '수익배분 및 재투자 사항'이 중요한 것이다. 그러나 비영리조직은 필수규정은 아니나 대부분 기재하고 있고, 그 예로 '잉여금의 70% 이상을 사회적 목적을 위하여 사용한다'는 조직도 있다(실업극복국민재단, 2008. 5: 28).

9. 사회적 기업의 다원적인 상품전략

(1) 시장개척 차원에서의 제품전략의 의의

위에서는 5모형의 발전단계별 운영전략을 사회적 기업육성법의 7가지 기준으로 살펴보았다. 지금부터는 마케팅 4Ps 관점에서 5모형의 발전단계별 운영전략을 논의하기로 한다. 유의할 사항은 본서는 사회적 기업 개념 중 기업 측면의 마케팅을 고찰하는 것이므로, 후원자 모집 등을 위한 활동인 사회복지 마케팅과는 다른 관점으로 내용이 전개된다는 점이다.

마케팅(marketing)은 기업성패를 좌우하는 경영전략이다. 마케팅의 개념은 생산자가 상품 또는 서비스를 소비자에게 유통시키는 데 관련된 모든 체계적 경영활동을 의미한다. 기업의 목표를 달성하기 위한 마케팅 변수는 4가지로서, 제품(Product), 가격(Price), 유통경로(Place), 판매촉진(Promotion)이 있으며, 이 4가지를 흔히 4Ps라고 한다. 이러한 변수를 적절히 배합하여 목적달성을 실현시키는 전략을 마케팅믹스라고 부른다.

이와 같은 마케팅이나 마케팅믹스를 사회적 기업이 활용해야 하는 이유는 다음과 같이 살펴볼 수 있다. 첫째로 일반기업이 기업성패의 관건인 마케팅을 달성하는 수단으로 마케팅 믹스인 4Ps를 활용하고 있으므로, 기업의 성격을 지닌 사회적 기업도 4Ps를 활용해야 함은 당연한 귀결이다.

둘째로 영국정부도 사회적 기업에 대하여 정책적으로 마케팅 지원이 중요하다고 공표한 바 있고(UK DTIc, 2007: 38), 외국 학자도 사회적 기업에서 4Ps 중에서 제품의 중요성을 언급하고 있으며(Defourny, 2001: 11-2), EMES 네트워크에서도 4Ps 중에서 제품과 서비스 공급이 중요다고 명시하고 있다(Defourny, 2001: 16-7).

마지막으로 한국의 사회적 기업가도 94%가 경영 컨설팅에 대한 필요성을 느끼고 있고, 교육이나 연수 제도로는 57%가 마케팅과 사업기획 분야를 요구하고 있다는 점도 마케팅이 중요하다는 점을 밝히고 있다(이현숙, 2008).

우선, 마케팅믹스 중 제품(Product) 측면을 살펴보기로 한다. 제품은 기업이 판매하는 상품(commodity)이며, 매매의 대상이 될 수 있는 모든 유형 및 무형의 재산을 말한다. 유형상품은 보통 제품, 재화를 말하며, 무형상품은 용역(서비스), 지식 등이라고 할 수 있다.

이 같은 제품에 대해서 드푸르니(Defourny)는 신제품이나 신품질 제품의 도입이 중요하다고 언급하고 있고(2001: 11−2), EMES 네트워크에서도 제품생산과 서비스 공급이야말로 사회적 기업이 존재하는 중요한 이유 중 하나라고 명시하고 있다(Defourny, 2001: 16−7). 따라서 본서에서는 제품을 재화, 용역(서비스), 지식개념으로 정립하기로 한다.

사실 마케팅믹스 중 제품은 기업의 사업 분야나 활동 분야와 밀접하다.

이유는 사업 분야나 활동 분야에 따라 제품이 결정되기 때문이다. 프랑스의 사회적 기업인 '앙비(Envie)'는 가전제품을 분리·수거·재활용하여 저렴한 가격으로 저소득층에게 판매·사후관리 서비스를 하므로, 제품은 재활용된 가전제품이다. 그리고 영국의 '빅 이슈(The Big Issue)'는 잡지출판 및 판매를 통한 노숙자재활을 하므로, 제품은 잡지이다.

또한 이탈리아의 '라 스트라다 디 피아자 그랜드(La Strada di Piazza Grande)'는 청소서비스, 생태지역 관리 및 유지 서비스를 하므로, 제품은 서비스이고, 미국의 '루비콘 프로그램즈(Rubicon Programs Inc)'는 호텔·리조트, 공원 등의 조경과 베이커리 등을 통해 장애인·노숙자 자립을 지원하므로, 빵과 서비스가 제품이다(노동부 b, 2007: 9).

(2) 한국의 제품전략 방향

한국 사회적 기업에서의 제품은 재화와 서비스로 규정되어 있고, 영업활동은 생산·판매 등으로 구분되어 있다(법 제8조 제2호). 재화는 앞에서 언급한 유형상품의 개념이고, 서비스는 사회서비스 개념으로 10개 유형 즉, 교육, 보건, 사회복지, 환경, 문화, 보육, 예술·관광 및 운동, 산림 보전 및 관리, 간병 및 가사 지원, 기타 서비스이다(법 제2조 제3호, 영 제3조).

사회적 기업에 대한 새 이탈리아 법(Law 155/06)도 사회적 기업을 '재화와 서비스를 생산·교환하는 목적'을 갖고 있는 기업으로 보고 있다(동법 제1조 제1항). 그러나 향후 산업에서 지식산업도 중요한 분야인 만큼, 본서에서는 제품을 재화와 서비스 및 지식으로 정의하고자 한다.

앞에서 언급한 바와 같이 제품은 기업의 사업 분야나 활동 분야와 밀접하므로 사업 분야나 활동 분야를 보면 관련 제품을 파악할 수 있다. 따라서 인증된 사회적 기업의 사회서비스 영역을 보면 기타 분야 65개(30%), 사회복지 44개(20%), 환경 35개(16%), 간병·가사지원이 29개(13%)로 나타나고 있다(218개 기준). 사회적 기업에 대한 새 이탈리아 법(Law 155/06)도 공익적 섹터 분야를 복지, 보건, 교육, 지도, 문화, 환경보호 등 분야로 보고, 이 분야와 관련된 모든 재화와 서비스는 사회적 효용성이 있다고 간주하고 있다(동법 제2조 제1항).

그러나 이는 인증 시 주된 사업기준이므로, 기업의 부수사업도 사업으로 포함하여 볼 필요가 있다. 그 이유는 기업의 부수사업도 포함하여야 사회적 기업의 현시점에서의 전체 활동 분야를 파악할 수 있고, 향후 활동 분야도 예측할 수 있기 때문이다.

기업의 부수사업도 복수사업으로 중복하여 모두 인정하면, 252개 사회적 기업에서 380개 사회서비스가 도출된다. 사회적 기업 1개소당 1.5개의 사회서비스에 활동하고 있는 것이다. 따라서 복수사업을 모두 고려하여 380개 사회서비스 영역을 세분화하여 보면, 기타 서비스

가 81개(21.3%), 친환경이 78개(20.5%), 간병 및 가사지원이 60개
(15.8%), 사회복지가 51개(13.4%), 교육이 49개(12.9%) 순으로 나타나
고 있다(252개 기준). 세부적인 비교는 <표 5-4>와 같다.

〈표 5-4〉 한국 사회적 기업의 주된 사업과 복수사업비교(단위: 개(%))

구분	교육	보건	복지	환경	문화	보육	예술	산림	간병	기타
주된 사업 (251개)	⑦ 10개 (5)	⑧ 8개 (4)	② 44개 (20)	③ 35개 (16)	⑥ 13개 (6)*	⑤ 14개 (6)	*	⑩ −	④ 29개 (13)	① 65개(3 0)
복수 사업 (380개)	⑤ 49개 (12.9)	⑧ 12개 (3.2)	④ 51개 (13.4)	② 78개 (20.5)	⑦ 13개 (3.4)	⑥ 22개 (5.8)	⑧ 12개 (3.2)	⑩ 2개 (0.5)	③ 60개 (15.8)	① 81개 (21.3)
BAL	+39	+4	+7	+43	0	+8		+2	+31	+16

☞설명:
　- 주된 사업은 218개(2009.2) 기준이고, 복수 사업은 252개(2009.9) 기준임.
　-*표시는 문화, 예술·관광 및 운동을 합한 수치임.
　-① 등 표시는 순위임.
☞자료:
　- 주된 사업은 노동부, '07, '08 사회적 기업 개요집', 2009. 기준.
　- 복수 사업은 노동부, 사회적 기업 기준.

<표 5-4>를 보면, 주된 사업과 복수사업의 2부분에서 사회적 기
업의 특징이 잘 나타나고 있다. 첫째, 2부분에서 기타 서비스가 가장
높게 나타나고 있는 것은, 제품판매 활동을 하는 사회적 기업이 많다
는 것을 의미한다. 예를 들면, 꽃 판매, 산후조리용품 대여, 제과제빵
제조업, 음식점. 반찬판매 등이다. 둘째, 주된 사업보다도 복수사업인
경우, 환경, 간병, 교육의 순위가 높고, 숫자가 많은 것(BAL 참조)은
사회적 기업이 부수적으로 이러한 활동을 병행하고 있다는 의미이고,
각각의 지역사회 욕구를 반영한 것으로 해석할 수 있다.

셋째, 그러나 복수사업을 고려해도 보건, 사회복지, 문화, 보육 분

야의 수치가 큰 변동이 없다는 사실은, 현재 기업이 하나의 분야에만 중점적으로 활동하고 있으므로 향후에는 정책적으로 사회적 기업의 역량을 제고시켜야 한다는 점을 시사하고 있다고 판단된다. 넷째, 산림 분야가 다른 분야에 비해 사회적 기업이 적다는 점은, 농어촌에 맞는 사회적 기업에 대한 홍보와 영업이 가능한 제품의 교육이 필요한 부분이다. 그 이유는 한국에서 농어촌 노인의 비율이 가장 높고, 노인소득 또한 가장 낮은 수준이기 때문이다.

따라서 예비 사회적 기업형(PCT), 일자리 중심형(WCT), 서비스 중심형(SCT), 통합형(ICT), 네트워크형(NCT)은 재화와 서비스 및 지식을 포함한 제품전략과 관련하여 무엇보다도 새로운 제품 또는 새로운 품질을 가진 제품의 도입, 그리고 새로운 생산방법의 도입 또는 새로운 생산요소(재료)의 확보방안이 필요하다(Defourny, 2001: 11-3).

예를 들면, 새로운 제품은 노동시장이나 대인 서비스 영역에서, 노인에게 필요한 새로운 요양제품이나 서비스, 신지식을 의미한다. 그리고 새로운 품질을 가진 제품이란 기존 제품보다도 품질이 높은 제품, 기존 서비스보다 더 새로운 대인 서비스라고 말할 수 있다. 또한 새로운 생산방법으로는 사회적 기업에서 시도가 가능하고 적합한 '다품종 소량판매'를 위해 적은 인원으로도 재화 생산이 가능한 방법, 서비스의 공급자와 이용자가 협동하여 근린(지역밀착) 서비스를 운영하는 프랑스 등 '부모들이 운영하는 보육센터' 등이 있다. 마지막으로 새로운 생산요소(재료)란 자원봉사자를 이용한 재화와 서비스 및 지식의 생산을 말한다.

그러므로 모든 사회적 기업의 제품 개발은 다음과 같은 사항을 고려하여 진행하는 것이 좋은 방안이다(Young, 2008: 261-292). 첫째,

사회적 기업은 대체제가 없는 제품을 생산하는 것을 고려해야 한다. 대체제란 한 제품을 대체할 수 있는 다른 제품을 의미하는 것으로, 예를 들어 요양시설 이용가격이 상승하면 소비자가 재가방문 서비스로 이동하는 경우를 들 수 있다. 이 경우 요양시설 서비스와 재가방문 서비스는 대체제 관계이다.

둘째, 소비자가 시일이 지나도 변경시킬 수 없는 제품을 생산해야 한다. 사회적 기업이 급성질환 치료서비스를 개발한 경우, 장기적으로는 일반기업이 급성질환 예방 서비스도 개발할 수 있기 때문이다.

셋째, 제품가격이 높지 않아 소비자의 지출에 영향이 없는 제품을 개발하는 전략도 필요하다. 제품가격이 높지 않으면 가격이 오르더라도 소비자의 지출에 큰 영향이 없어 판매는 계속되기 때문이다.

넷째, 제품가격이 오르더라도 수요가 영향을 받지 않는 제품 즉, 가격 비탄력적인 제품이 좋다. 제품이 가격 탄력적이라면 가격이 오르는 경우 판매량은 줄어든다. 따라서 가격 비탄력적인 제품은 제품가격이 상승되더라도 판매가 유지되는 제품이다. 따라서 사회적 기업이 다른 일반기업이 할 수 없는 가격 비탄력적인 제품을 생산함이 중요하다.

다섯째, 사회적 기업은 사치재보다는 필수재를 생산해야 한다. 사치재는 보석류, 예술공연 등을 의미하고, 필수재는 음식류, 사회복지 서비스 등을 말한다. 그 이유는 사치재는 소득이 줄어들면 판매가 급격히 줄어들기 때문이다.

여섯째, 보완재를 개발하는 전략도 중요하다. 보완재란 커피와 설탕같이 동시에 서로 잘 팔리거나 안 팔리는 제품을 말한다. 그러므로 사회적 기업이 개발할 수 있는 보완재의 예로는 질병 예방 서비스와

사회복지 상담 서비스, 음악교육과 음악공연, 자원봉사와 기부 등이
있다.

일곱째, 사회적 기업도 일반기업처럼 제품차별화를 통해 사회적
기업 특유의 제품을 생산해야 한다. 제품차별화의 예를 들면, '수익금
의 일부는 지역사회에 환원합니다'라는 사회복지 사명이 부착된 사
회적 기업의 옷과 일반기업의 옷이 같을 수 없다. 마찬가지로 사회복
지실천의 현장이 실린 사회적 기업의 달력과 일반기업의 달력은 전
혀 다른 개념의 제품인 것이다.

10. 사회적 기업의 가격전략

(1) 시장상황에 따른 기업의 가격전략

가격전략이란 일반기업이 생산·판매할 제품의 가격을 결정하는
것이다. 제품가격도 재화, 서비스, 지식의 3가지로 나누어 볼 수 있다.
제품가격을 결정하기 위해서는 우선 제품을 구성하고 있는 가치를
모두 파악해야 한다. 다음에는 각각의 가치에 대해서 소비자가 지불
하려는 가격이 얼마인지를 추정해야 한다. 마지막으로 경쟁제품의 가
치와 가격을 고려하여야 한다.

이러한 가격결정 전략에는 출하가 결정과 판매가 결정 2가지 방법
이 있다. 출하가란 재화, 서비스, 지식을 생산하는 기업에서 대리점
(판매점)으로 공급하는 가격이고, 판매가는 대리점(판매점)에서 소비
자에게 판매하는 시장가격을 의미한다.

출하가는 제조원가와 일반관리비 그리고 이윤을 합한 금액이다. 제조원가는 재화, 서비스, 지식을 생산하는 데 소요되는 비용 즉, 재료비, 노무비(인건비), 경비(세금포함)를 합한 금액이다. 재료비는 재료 구입에 들어가는 비용이고, 노무비는 월급과 상여금 등을 의미하고, 경비는 제품의 제조를 위하여 소비된 제조원가 중 재료비, 노무비를 제외한 원가를 말한다. 일반관리비는 기업의 유지를 위한 관리활동 부문에서 발생하는 비용이고, 이윤은 제조회사의 이익이다(국가를 당사자로 하는 계약에 관한 법률 시행규칙 제6조).

그리고 판매가는 대리점(판매점)에서 소비자에게 판매하는 시장가격이므로, 대리점의 이윤(마진)은 판매가에서 출하가를 제외한 금액이 된다.

기업이 이윤을 극대화하려면 우선 출하가 중에서 제조원가와 일반관리비를 최소화하여야 하고, 판매가를 적정 수준에서 결정하여야 한다. 이 중에서 중요한 문제는 판매가를 적정 수준에서 결정하는 것 즉, 판매가격 결정이다.

판매가격 결정에는 '가격동일화 전략'과 '가격차별화 전략' 등 2가지 유형이 있다. 이 2가지 유형은 시장지배력과 제품의 질에 따라 세부적으로는 4가지 경우로 볼 수 있다.

먼저 가격동일화 전략은 제품 판매가격을 경쟁기업과 동일하게 책정하는 것이다. 이 경우는 대체로 조직이 시장지배력이 있어도 제품의 질이 떨어지는 경우나, 제품의 질이 우월해도 조직이 시장지배력이 없는 경우에 결정하는 전략이다. 예를 들어 조직이 시장지배력이 없는 경우는 보통 신생기업인 경우이며, 이러한 신생기업은 제품의 질이 우월해도 처음에는 소비자의 신뢰를 얻지 못하므로, 판매를 위해서 제품 판매가격을 경쟁기업과 동일하게 책정해야 하는 것이다.

다음으로 가격차별화 전략은 경쟁기업과 다르게 판매가격을 책정하는 것이다. 이 경우는 조직이 시장지배력이 있고 제품의 질이 우월하거나 소비자가 제품에 대해 관심이 있다면 경쟁사보다 높게 판매가격을 결정하고, 반대로 조직이 시장지배력이 없고 제품의 질도 낮다면 경쟁사보다 낮게 판매가격을 결정하게 될 것이다. 예를 들어 농산물인 A와 B 제품이 건강식품이고 신선함을 구비하고 있으며, 소비자는 신선함에 더 관심이 있다고 가정하여 보자. 만약 A가 B보다 더 신선하게 공급될 수 있다면 소비자의 관심이 신선함에 더 관심이 있으므로, A의 가격이 B보다 높아도 판매가 가능할 것이다.

그리고 '가격동일화 전략'과 '가격차별화 전략' 등 2가지 유형으로 결정된 판매가격도 현실적으로는 소비자에 따라 2가지 판매형태로 구별할 수 있다. 하나는 소비자가 구매하는 수량에 따라 판매가격을 낮추는 방법(할인방식), 또 하나는 소비자 특성에 따라 각기 다른 판매가격을 적용하는 것이다(Young, 2008: 283−6).

(2) 한국 사회적 기업에서의 가격전술

일반기업이 존재하는 경쟁적인 시장경제에 있어서는, 시장가격과 시장거래량은 수요자와 공급자의 선택에 의하여 결정된다. 즉 수요곡선과 공급곡선이 만나는 점이 시장가격과 시장거래량이다. 수요곡선은 가격변화에 따라 소비자의 구입량이 어떻게 변화하는지를 나타내는 것이고, 공급곡선은 가격변화에 따른 공급자의 공급물량을 말한다.

그러나 시장경제에서 사회적 기업의 가격결정도 일반기업의 경우와 비슷하지만, 내용으로는 또 다른 면이 있다. 사회적 기업의 가격결정은 예비 사회적 기업형(PCT), 일자리 중심형(WCT), 서비스 중심형(SCT), 통합형(ICT), 네트워크형(NCT)에 공통적으로 적용되는 부분이다. 앞에서 언급한 바와 같이 가격동일화 전략과 가격차별화 전략으로 구분하여 세부적으로 설명하기로 한다.

유의할 사항은 이 같은 전략은 사회적 기업에 대한 절대적인 지침이 아니며, 사회적 기업의 입장, 시장상황, 소비자의 태도, 관련 조직의 동향 등에 따라 탄력적으로 유연하게 그리고 적절히 구사해야 한다는 점이다.

ⅰ) 우선 가격동일화 전략을 살펴본다. 사회적 기업의 제품의 질이 우월해도 사회적 기업은 신생조직이라 시장지배력이 없는 경우가 많다. 이 경우는 가격동일화 전략이 일반적이다. 그리고 시장경제와 같이 사회적 기업과 민간기업은 경쟁체제에 돌입하게 된다.

ⅱ) 다음으로 가격차별화 전략을 상황요건, 시행형태, 필요한 이유, 세부적인 방법 순서로 보기로 한다.

먼저, 가격차별화 전략이 필요한 상황은 전술한 가격동일화 전략이 적용되지 않는 상황이라고 할 수 있다.

그리고 시행형태를 보면, 가격차별화 전략은 보통 2가지로 시행한다. 하나는 저소득층에는 무료로, 여유 있는 고객에게는 서비스 이용료를 높게 책정하는 것이다. 또 하나는 모든 고객에게 일정한 비용을 지불하도록 하는 것이다(Young, 2008: 290).

다음으로 이와 같이 사회적 기업에서 가격차별화 전략이 필요한 이유는 2가지이다.

첫째는 가격차별화 전략이 사회적 기업의 생존전략이기 때문이다. 예를 들어 민간 예술공연단체의 공연은 입장권 수입이 공연비용과 같거나 높은 수준에서 입장권 가격을 결정할 것이다. 그러나 사회적 기업인 예술공연단체 공연의 경우에는 입장권 수입이 공연비용보다 낮은 수준이지만, 소비자는 예술공연단체를 신뢰하므로 기부를 하려고 한다.

이러한 기부가 바로 '자발적 가격차별화' 형태이다. 즉, 사회적 기업인 예술공연단체의 입장권 가격은 민간보다 낮은 수준으로 가격이 책정되나, 이는 기부인 자발적 가격차별화가 보완하므로 그 결과 입장권 수입과 기부금을 합한 금액이 공연비용보다 높은 수준이므로 공연을 할 수 있고, 사회적 기업이 생존할 수 있는 것이다. 따라서 소비자는 사회적 기업이 기부가 있다는 점을 깨닫게 하여 사회적 기업으로 하여금 스스로 입장권을 낮추는 '자발적 가격차별화'를 시행토록 한다는 것이다(Young, 2008: 289).

둘째는 가격차별화가 사회적 기업의 사명을 완수하도록 도움을 준다는 것이다. 예를 들어 사회적 기업이 빈곤층에 대해 서비스를 제공하는 사명이 있는 경우, 서비스 제공에서 결정된 가격으로는 비용을 충당하지 못하는 상황이면 여유 있는 고객에게 추가부담을 시키거나 이들에게 티켓 구입과 기부를 동시에 권유할 수 있다는 것이다(Young, 2008: 289-90).

마지막으로 가격차별화 전략을 세부적인 방법으로 고찰하기로 한다. 이 경우에도 사회적 기업이 경쟁시장에 위치하는지 또는 독점적인 시장에 위치하는지에 따라 세부적인 방법이 다르다. 전자는 사회적 기업과 일반기업이 경쟁하는 시장이고, 후자는 사회적 기업이 독점적으로 제품을 공급하는 시장을 말한다.

사회적 기업이 경쟁시장에 위치하는 경우를 살펴본다. 첫째로 경쟁시장에서 사회적 기업의 가격차별화는 재판매가 불가능한 제품에서만 가능하다는 점이다. 재판매가 불가능한 경우(재화, 서비스, 지식)란 소비자가 사회적 기업으로부터 제품을 구입하여 다른 소비자에게 다시 판매할 수 없는 것을 의미한다.

예를 들어 A(치즈)라는 제품의 시장가격이 1만 원이고, 사회적 기업은 빈곤층의 건강을 위하여 A를 6천 원에 판매한다고 가정한다. 이러한 상황에서 빈곤층은 사회적 기업으로부터 A라는 제품을 6천 원에 구입하여 시장가격이 1만 원이므로 다른 소비자에게 1만 원에 되팔아 술을 살 수도 있는 이른바 재판매가 가능한 상황이 벌어질 수도 있다. 그 결과 사회적 기업이 빈곤층의 건강을 위하여 판매한 A 제품은 술로 전환이 되어 더 이상 빈곤층 건강을 위한 제품이 아닌 결과를 초래한다.

따라서 이 같은 경우는 사회적 기업의 사명에도 위배된 것이고, 재판매가 가능한 제품은 빈곤층을 위한 제품이 아니므로, 가격차별화는 재판매가 불가능하도록 결정하거나 제한되어야 한다. 재판매가 불가능한 경우 제품으로는 맹장수술, 직업교육 프로그램 등이 있다 (Young, 2008: 284-5).

둘째로 사회적 기업의 가격차별화는 경쟁기업이 가격경쟁을 할 경우에 가능하다는 것이다. 예를 들어 사회복지시설이 부담하는 비용을 고려할 때 적정한 월 이용료가 70만 원이지만, 빈곤층에게 혜택을 주기 위해 월 이용료를 50만 원으로 하고, 그 부족분을 충당하기 위해서 일반 고객에는 월 100만 원으로 가격차별화를 한 경우를 본다. 만

약 경쟁기업이 월 이용료를 100만 원으로 하면, 사회적 기업은 빈곤층은 50만 원, 일반 고객은 100만 원으로 가격차별화를 할 수 있다. 그러나 경쟁기업이 월 이용료를 70만 원으로 책정하는 경우에는 일반 고객은 경쟁기업을 이용할 것이므로, 사회적 기업은 일반 고객에게 월 100만 원을 유지할 수가 없어 가격차별화를 할 수 없다(Young, 2008: 286).

다음으로 사회적 기업이 독점시장에 위치하는 경우를 살펴본다. 이 상황에서는 사회적 기업이 독점적으로 재화나 서비스 또는 지식을 공급하므로 완전히 자유롭게 가격차별화를 시행할 수 있다. 또한 앞에서 언급한 고객의 기부인 '자발적 가격차별화'를 고려하여 가격차별화 정도를 구사할 수도 있다.

따라서 예비 사회적 기업형(PCT), 일자리 중심형(WCT), 서비스 중심형(SCT), 통합형(ICT), 네트워크형(NCT)은 각각의 입장, 시장상황, 소비자의 태도, 관련 조직의 동향 등에 따라 '가격동일화 전략'과 '가격차별화 전략'을 탄력적으로 유연하게 그리고 적절한 수준으로 구사해야 한다.

11. 네트워크를 통한 판매망전략

(1) 소비자 편의를 위한 유통전략의 의의

유통이란 생산된 제품이 생산자로부터 소비자에게 전달되는 과정을 말한다. 유통이 필요한 이유는 모든 생산자가 직접 소비자와 만난다면 엄청난 비효율을 초래하기 때문이다. 그러므로 재화나 서비스 또는 지식이 보다 효과적이고 효율적으로 고객에게 전달될 수 있도록 하는 유통이 중요하다.

유통은 보통 유통망을 통해서 이루어지며, 여기서 유통망은 본점, 본사, 지사, 지점, 총판, 도매상, 소매점, 대리점, 유통점, 체인점, 점포, 위탁 판매점, 프랜차이즈 형태, 주부사원, 방문판매 사원 등 모든 판매망을 지칭한다.

판매망이 중요한 이유는 판매망이 없다면 제품판매가 어렵기 때문이고, 특히 제조업의 경우는 판매망 구축이 필수적이다. 따라서 유통전략은 제품에 따라 판매망을 확보하고 유지하는 전략이라고 할 수 있다 최근에는 인터넷을 통한 유통전략도 중요시되고 있다. 즉, 인터넷은 중간 판매상인 도매상 또는 소매점 등을 경유하지 않고, 생산자로부터 소비자에게 직접 전달되는 유통과정이다.

(2) 한국 사회적 기업에서의 유통전략 고찰

유통전략은 제품, 즉 재화나 서비스 또는 지식에 따라 천차만별로 시행된다. 그러나 사회적 기업이 초기단계인 경우 즉, 예비 사회적 기업형(PCT)은 기업 이미지도 낮을 뿐만 아니라 다른 조직들과의 신뢰형성이 없으므로, 우선 기업 단독으로 판매하는 유통전략을 취해야 한다. 또한 소규모인 경우가 많으므로, 하나 또는 두 개 지역을 선정하여 중점적으로 판매하는 형태를 유지해야 한다. 세부적으로는 위탁 판매점과의 연계나 주부사원과 방문판매 사원 또는 자원봉사자를 통한 유통전략을 구사하는 것이 좋다.

일자리 중심형(WCT), 서비스 중심형(SCT), 통합형(ICT)의 경우에는 앞에서 언급한 모든 판매망 중에서 운영이 가능한 유통전략을 시행하여야 한다. 그러나 무엇보다도 중요한 유통전략은 지역사회 내에서 해당 사회적 기업에 대하여 호의적인 단체와 연계를 추진하는 전략이다. 그 이유는 이 호의적인 단체가 바로 사회적 기업의 직접적인 소비자일 수도 있고, 또는 다른 소비자를 연결시켜 주는 연결고리일 수도 있기 때문이다. 예를 들면 '대기업 지원형'으로서, 대기업과의 제휴를 통해 지원을 받아 사회적 기업을 운영하는 형태이고, '지자체 연계형'은 지자체의 지원을 받는 형태이다(노동부 a, 2007: 65－6). 따라서 이 사회적 기업들은 지역사회를 중심으로 유통망을 확보하는 전략을 구사해야 한다.

네트워크형(NCT)에서는 전국 단위의 유통전략을 수립하여야 한다. 그 이유는 이 모형이 사회적 기업 상호 간 네트워크 또는 사회적 기업과 타 조직 간 네트워크를 구성할 수 있기 때문이다. 또한 지자체나 중앙정부에 대해 입찰을 통한 협력체계도 모색해야 한다. 예를 들면, '사회적 기업 주도－지자체－기업 연계형'이나 '지자체 주도－사회적 기업－중앙부서 협력형'이 있다. 전자는 사회적 기업이 사업을 주도하여 지자체에서 토지 등을 제공받고, 일반기업으로부터 사업비용과 기술 등을 지원받는 유통전략이다. 후자는 사업비는 지자체가 부담하고 사회적 기업이 사무국을 맡으며, 중앙부서가 지원하는 전략이다(노동부 a, 2007: 119－139).

12. 소비자 인식제고를 위한 홍보전략

(1) 소비자 인식제고를 위한 촉진방안

일반기업에서 촉진전략이란 고객이 될 수 있는 사람들에게 적절한 정보를 제공하여 설득하고 제품구매에 영향력을 행사함으로써, 제품을 구입하도록 하는 모든 활동과 관련된 전략이라고 볼 수 있다. 따라서 이러한 촉진전략의 목적은 신제품을 시장에 도입하는 것(신규시장 개척), 고객에게 기존제품의 새로운 용도를 수용하게 하는 것(기존제품기능의 강화), 제품구매의 증대, 새로운 소비자를 유인하는 것(신규고객 확보) 등이라고 할 수 있다. 즉, 촉진전략은 광고, 인적 판매, 홍보, 판매촉진 등 전략을 의미한다.

그러므로 촉진전략은 크게 보아 판매촉진 전략과 광고 전략으로 나누어 볼 수 있다. 먼저 판매촉진 전략에는 푸시형 전략(push strategy)과 풀형 전략(pull strategy)이 있으며, 전자는 판매원에 의한 인적 판매를 통하여 제품을 소비자에게 밀어붙이면서 판매하는 것이고, 후자는 광고를 통하여 좋은 이미지가 형성된 소비자가 스스로 제품을 지명하여 구매하도록 하는 전략이다. 광고 전략은 매체나 인터넷을 통한 광고, PR(홍보) 등이다.

사회적 기업도 기업인만큼 촉진전략이 당연히 필요하다. 영국에서도 정부 차원에서 많은 대중에게 사회적 기업을 홍보함으로써, 상업적인 성공과 사회적·경제적 이익을 동시에 달성할 수 있다는 점을 보여 주려고 노력하고 있다. 또한 사회적 기업의 홍보를 통해 대중이 사회적 기업을 신뢰하고, 또한 사회적 양심을 가진 기업들이 늘어나면 그만큼 사회적 기업의 힘도 커질 것이다(UK DTIc, 2007: 28-9). 미국에서도 제품에 사회적 기업의 사명을 표기하는 광고를 하여 사회적 기업의 제품판매에 도움을 주고 있다(Young, 2008: 292-3).

(2) 한국 사회적 기업 차원에서의 촉진전략

한국 사회적 기업에서도 촉진전략이 필요한 이유를 2가지로 살펴볼 수가 있다. 첫째, 촉진전략을 전개함으로써, 기업의 제품판매가 증대된다는 것이다. 사회적 기업의 제품가격이 일반기업과 동일한 가격인 경우 또는 심지어 일반기업보다 높은 가격에도, 소비자는 사회적 기업의 사명을 인지하고 이미지를 신뢰한다면 사회적 기업의 제품을 구매하려고 할 것이기 때문이다.

둘째, 촉진전략은 후원금이나 기부금의 유인통로로 작용할 것이라는 점이다. 이는 일반기업이 사회적 책임의 방법으로 후원금을 제공하거나, 국민이 사회복지의 참여방안으로 기부금을 제공하는 것을 의미한다.

그러나 한국에서 사회적 기업에 대한 인지도는 극히 낮은 수준이다. 사회적 기업에 대한 활동을 알고 있는 사람(내용 인지)은 2008년 16.5%, 2009년 17.1%이다. 사회적 기업의 이름만 알고 있는 사람도 2008년 27.4%, 2009년 32.9%이다(사회적 기업연구원, 2009: 24-5). 그러나 사회적 기업의 이해를 위해서 가장 효과적인 수단으로 방송매체를 지적한 것은(사회적 기업연구원, 2009: 28), 한국정책도 영국과 같이 정부 차원에서 방송매체를 통한 사회적 기업 홍보가 필요함을 의미한다.

이 같은 홍보가 무엇보다도 먼저 중요한 점은 소비자 조사에서도 나타나고 있다. 즉, 사회적 기업의 매출과 관련하여 사회적 기업의 인지자의 81.7% 그리고 기존 구입자의 80.2%가 향후에도 사회적 기업 제품에 대한 구입의사를 밝히고 있어(사회적 기업연구원, 2009: 27), 사회적 기업에 대한 인지 여부가 매출에 큰 영향을 미치리라고 예상되고 있다.

그러므로 촉진전략 중에서 이 같은 홍보가 시행되는 경우, 사회적 기업의 매출이 증가하리라 예상된다. 이는 국민 10명 중 8명(78.0%)이 사회공헌활동을 잘 이행하는 기업의 제품이 비싸더라도 구입할 의향이 있다는 조사와 맥을 같이하고 있다(전경련, 2009).

따라서 정부 차원에서는 전체 사회적 기업에 대한 명칭과 취지 및 목적, 활동 분야 등을 홍보하는 전략이 필요하고, 사회적 기업 자체에서도 각자의 기업을 PR하는 전략이 필요하다. 대상이 20대와 30대라면 인터넷 홈페이지로, 30대와 40대이면 인쇄용 매체와 홍보책자가 효율적이다(사회적 기업연구원, 2009: 28).

결론적으로 예비 사회적 기업형(PCT), 일자리 중심형(WCT), 서비스 중심형(SCT), 통합형(ICT), 네트워크형(NCT) 사회적 기업들은 우선 지역사회의 단체와 주민에게 자신의 사회적 기업을 홍보하는 방안을 강구하고, 제품에 따라 푸시형 전략과 풀형 전략을 적절히 구사하는 방안을 수립하여야 한다.

제 6 장

나오면서

1. 결과의 요약

　본서는 한국 사회적 기업에 대한 연구를 통해 다음과 같은 결론을
도출하였다. 첫째, 한국 사회적 기업도 실업과 양극화 문제를 해결하
는 대안이 될 수 있다는 점이다. 이에 대한 근거로는 한국에서도 사
회복지서비스가 고용창출을 주도하고 있다는 사실, 그리고 정부가 현
행 자활사업이나 사회적 일자리 사업 및 사회서비스 일자리 사업의
대안사업으로 사회적 기업제도를 도입한 점, 사회적 기업에 대한 법
적·제도적 지원의 기반이 확립된 것, 한국에서도 사회적 기업이 초
창기이지만 활발하게 도입되고 있다는 점 등을 들 수 있다.

　둘째, 한국에 필요한 사회적 기업의 유형을 5가지로 정립하였다. 5
가지는 예비 사회적 기업형(PCT), 일자리 중심형(WCT), 서비스 중심
형(SCT), 통합형(ICT), 네트워크형(NCT)이다. 이 중에서 일자리 중심형
(WCT), 서비스 중심형(SCT), 통합형(ICT)의 3가지는 유럽의 노동통합
형, 사회통합형, 혼합방식형을 한국 실정에 맞게 용어를 조정하여 사

용하였다.

그리고 예비 사회적 기업형(PCT)을 도입한 이유는 외국과는 달리 한국은 정부 주도하에 사회적 기업을 중점적으로 육성하므로, 단기간에 많은 사회적 기업을 설립하는 초기 단계로서 정책적인 측면에서 도입한 것이다. 또한 네트워크형(NCT)은 많은 국가들과 학자들이 그 필요성을 역설하고 있는 모형으로, 사회적 기업의 최종 모형이라 할 수 있다.

따라서 세부적으로 살펴보면, 예비 사회적 기업형(PCT)의 세부적인 3가지 사업 모형으로 '기업연계형(ECT)', '지역연계형(CCT)', '모델발굴형(MET)'을 제안하였다. 또한 네트워크형(NCT)의 세부적인 2가지 사업 모형으로서, '사회적 기업 상호 간 네트워크형(SEM)'과 '사회적 기업과 타 조직 간 네트워크형(ONT)'을 제안하였다.

셋째, 한국 5대 사회적 기업 모형의 발전단계를 '예비 사회적 기업형(PCT)', '일자리 중심형(WCT)', '서비스 중심형(SCT)', '통합형(ICT)', '네트워크형(NCT)'의 순서로 제시하였다. 이같이 한국에서 발전단계가 필요한 이유는 우선, 한국에서 보다 타당하고 효과적인 발전단계로 제시할 수 있다는 점, 그리고 한국 사회적 기업가에게 설득력 있는 이념적인 발전단계로 제공하여 사회적 기업 창업을 유도하는 지침으로 활용할 수 있다는 점 등이다.

넷째, 한국 사회적 기업의 발전단계별 운영 수준은 11가지 운영 기준 중심으로 고찰하였다. 운영 기준 11가지는 사회적 기업육성법상 7대 인증요건과 복지마케팅 4Ps이다. 먼저 사회적 기업육성법상 7대 인증요건을 운영 기준으로 채택한 이유는, 본고의 연구대상이 한국 사회적 기업이므로, 사회적 기업을 규율하는 사회적 기업육성법에서 운영 기준을 찾아야 함은 논리상 당연한 결론이고, 실무에서도 활용 가능성이 높기 때문이다. 또한 복지마케팅 4Ps는 한국 사회적 기업에서도 필요로 하는 부분이고, 마케팅이 기업의 성패를 좌우할 중요한 요인이므로 운영 기준으로 채택하였다.

먼저 운영 기준 중 조직형태 부분을 보면, 예비 사회적 기업형(PCT) 단계에서는 상법상 회사와 민법상 법인에 대하여 적극적인 홍보가 필요하다는 결론을 제시하였다. 그 이유는 인증기업 중 이들의 비율이 높고, 특히 상법상 회사는 운영능력을 이미 갖추고 있기 때문이다. 그리고 일자리 중심형(WCT), 서비스 중심형(SCT), 통합형(ICT), 네트워크형(NCT) 단계에서는 자신의 조직상황에 맞는 단계를 선택하여 운영하는 것이 필요하다는 의견을 제시하였다.

그리고 운영 기준 중에서 유급근로자 채용 수준은 예비 사회적 기업형(PCT)과 사회적 기업 인증 시의 유급근로자는 10인 미만으로 제시하였다. 그리고 일자리 중심형(WCT), 서비스 중심형(SCT), 통합형(ICT), 네트워크형(NCT)의 유급근로자 수는 각각의 상황에 따라 2단계는 10인 이상~30인 미만, 3단계는 30인 이상~50인 미만, 4단계는 50인 이상~100인 미만, 5단계는 100인 이상~300인 미만으로 제시하였다.

또한 사회적인 목적 실현 수준으로는 예비 사회적 기업형(PCT)에서 사회적 기업으로 인증 시에는 취약계층 의무 고용비율을 50%로 하고, 일자리 중심형(WCT), 서비스 중심형(SCT), 통합형(ICT), 네트워크형(NCT)의 경우는 의무 고용비율을 70%로 상향하는 방안을 제안하였다.

다음으로 의사결정구조 수준으로는 예비 사회적 기업형(PCT), 일자리 중심형(WCT), 서비스 중심형(SCT), 통합형(ICT), 네트워크형(NCT) 등 모든 사회적 기업이 중요사항은 보통결의로 하고, 특히 중대한 사항은 특별결의로 제시하였다.

또한 수입 수준으로는 예비 사회적 기업형(PCT)은 총수입 비율이 30% 이상으로, 일자리 중심형(WCT), 서비스 중심형(SCT), 통합형(ICT)의 경우는 인증 후 1년 이내에는 50% 이상으로, 2년 이내에는 70% 이상으로, 3년 이내에는 100%로 하여 자립시키는 방안도 언급하였다.

그리고 정관이나 규약요건의 수준은 일자리 중심형(WCT), 서비스 중심형(SCT), 통합형(ICT), 네트워크형(NCT)으로 운영하는 경우에는, 인증신청부터 정관이나 규약사항 중에서 목적, 사업내용, 수익배분 및 재투자 사항, 종사자의 구성 및 임면 사항을 중심으로 세부적인 내용을 정립하여야 함을 예를 들어 제시하였다. 그 이유는 이들 규정이 바로 각 모형의 특징을 나타내는 척도이기 때문이다.

이윤 분배 수준으로는 상법상 회사를 제외하고는 이윤 분배와 관련한 규정이 없으나, 잉여금의 70% 이상을 사회적 목적을 위하여 사용하는 조직이 있음을 명기하였다.

제품전략 수준에서는 제품을 재화와 서비스 및 지식으로 정의하였다. 그리고 예비 사회적 기업형(PCT), 일자리 중심형(WCT), 서비스 중심형(SCT), 통합형(ICT), 네트워크형(NCT)은 재화와 서비스 및 지식을 포함한 제품전략과 관련하여 무엇보다도 새로운 제품 또는 새로운 품질을 가진 제품의 도입, 그리고 새로운 생산방법의 도입 또는 새로운 생산요소(재료)의 확보방안이 필요함을 제시하였다.

그리고 가격전략 수준에서는 5개 사회적 기업 모형이 공통적으로 가격동일화 전략과 가격차별화 전략으로 구분하여 시행하는 방안을

예를 들어 설명하였다. 또한 이 전략도 경쟁시장과 독점시장하에서
달리 적용해야 한다는 점을 부연 설명하였다.

유통전략 수준에서는 예비 사회적 기업형(PCT)은 단독으로 판매하
는 유통전략을, 일자리 중심형(WCT), 서비스 중심형(SCT), 통합형
(ICT)의 경우에는 모든 판매망 중에서 운영이 가능한 유통전략을, 네
트워크형(NCT)에서는 전국 단위의 유통전략을 수립하여야 한다고 언
급하였다.

마지막으로 촉진전략 수준으로 정부 차원에서는 전체 사회적 기업
에 대한 명칭과 취지 및 목적, 활동 분야 등을 홍보하는 전략이 필요
하고, 예비 사회적 기업형(PCT), 일자리 중심형(WCT), 서비스 중심형
(SCT), 통합형(ICT), 네트워크형(NCT) 사회적 기업들은 우선 지역사회
의 단체와 주민에게 자신의 사회적 기업을 홍보하는 방안을 강구하
고, 제품에 따라 푸시형 전략과 풀형 전략을 적절히 구사하는 방안을
수립하여야 함을 제시하였다.

2. 제안사항

본서는 한국에서 중요한 사회문제인 일자리 창출과 유지 및 사회
서비스 제공을 해결하기 위하여 한국 사회적 기업의 이론적인 모형
과 운영 모델을 정립하는 요건과 방안을 제시하는 것이다. 또한 외국
각국의 정책과 사회적 기업의 사례, 장단점을 고찰하여 한국 사회적
기업에 필요한 지침을 제시하였다.

그러나 오랫동안 사회적 기업이 유지된 외국과는 달리 한국 사회적 기업은 초기 단계이므로, 본 연구는 시간의 진행에 따라 나타나는 각 모형의 문제점과 장단점, 일반기업에 대한 사회적 기업의 특징 등을 실증적인 측면에서 세부적인 수치로 밝힐 수 없다는 한계가 있다. 이러한 한계는 외부적인 제한 즉, 초기 단계인 사회적 기업에 대한 지속적인 정책이 필요하나 시일이 필요하다는 점과 내부적인 한계 즉, 사회적 기업 자체도 자신에게 맞는 형태와 운영을 갖추지 못한 이유에서 비롯된다고 본다.

따라서 이러한 외부적인 제한이나 내부적인 한계는 시일이 지나면 해결될 수 있는 부분이라고 생각되므로, 이를 향후에 필요한 실증적인 연구과제로 제안하고자 한다. 이를 세분화하여 언급하면 다음과 같다.

첫째, 한국 5대 모형의 효과성을 파악하는 것이 중요하다. 즉, 한국의 5대 모형 중 어느 모형이 가장 성공적인 모형인가를 규명해야 한다. 이를 위하여 성공적인 모형의 판단기준을 '일자리 중심형(WCT)'이나 '서비스 중심형(SCT)' 등에 대해서 각각의 세부적이고 객관적인 평가기준과 수치를 도입해야 한다.

둘째, 한국 5대 모형의 진행과정에 있어서 각 모형의 성공과 실패 원인에 대한 환류조사가 필요하다. 성공원인에 대해서는 정책적으로 계속 지원을 하고 지속적으로 홍보를 해야 하고, 실패원인을 규명하는 것은 실패에 대한 사전방비와 시행착오를 줄이는 정책적 효과가 있기 때문이다.

셋째, 지역별 대표적인 사회적 기업 유형과 특성을 파악하는 것도 중요하다. 이는 지역별 사회적 기업 현황 파악과 지역적인 관점에서 각 지역의 사회적 기업의 특징을 정확히 파악하는 것이다. 그 이유는 각 지역의 환경에 따라 사회적 기업의 운영 방식이 달라질 수 있으므로, 지역적으로 다른 정책적인 배려가 필요하기 때문이다.

넷째, 잠재력 있는 예비 사회적 기업에 대한 심도 있는 조사가 필요하다. 본 연구는 '예비 사회적 기업'과 '잠재력 있는 예비 사회적 기업'을 '예비 사회적 기업'형으로 포함하였으나, 향후에는 '잠재력 있는 예비 사회적 기업'과 '예비 사회적 기업'을 정확히 구별하여 각각의 실태를 조사하여야 한다. 이는 사회적 기업의 미래를 예상할 수 있는 자료로 판단된다.

다섯째, 사회적 기업으로 전환 시의 문제점과 근본적인 애로사항을 심도 있게 조사하여야 한다. 이를 위해 지역별로 전환 가능한 조직을 선별하여, 설문지를 통한 양적 조사와 직접 면담을 통한 질적 조사를 병행하는 방법도 있다.

여섯째, 한국 5대 모형의 효율성을 파악하는 것도 중요하다고 생각된다. 즉, 한국의 5대 모형 중 어느 모형이 정책적으로 가장 효율적인 모형인가를 규명해야 한다. 효율성 파악 기준으로 지원비용-편익분석, 지원비용-종업원 1인당 매출증가 등의 기준을 사용할 수 있다.

일곱째, 한국 5대 모형 중 어느 모형이 한국에서 의미 없는 모형인지, 그리고 5대 모형의 발전단계는 어떠한 순서로 진행되는가를 고찰하여야 한다.

여덟째, 5대 모형의 운영 기준에 대한 운영 수준을 정책적인 측면에서 또는 현실적인 상황에서 재정립하여 운영예규나 지침서로 제시함이 필요하다. 이는 사회적 기업의 성공이나 실패를 가름하는 판단 자료로 사료된다.

참고문헌

I. 국내 문헌

관계부처합동(2007). 사회서비스 일자리 보고회.

국정브리핑(2007). 사회서비스 좋은 일자리 창출전략 - 사회서비스 일자리 확대…성장·복지 일거양득.

국회예산정책처(2006.12). 일자리지원사업 평가.

기획예산처, 숭실대학교(2006.12). 사회적 기업 재원조달 방안 수립 및 외국사례 연구.

김경휘, 반정호(2006). 한국 상황에서의 사회적 기업의 개념과 유형에 관한 소고. **노동정책연구**, 제6권 제4호, 41 - 47.

김명희(2008.6). 영국의 사회적 기업 사례 연구와 한국에의 정책적 함의. **사회복지정책**, 33집, 135 - 158.

김봉화·김재호(2010). **세계 사회적 기업의 현황과 전략**. 서울: 한국학술정보.

김안나 외(2008). 사회통합을 위한 사회적 배제계층 지원방안 연구. **한국보건사회연구원**(http://kihasa.re.kr/html/jsp/ebook/2008/2008_10/index.html).

김인수(2002). **거시조직이론**. 서울: 무역경영사.

김재호(2009). **사회적 기업의 발전단계 및 유형에 관한 비교연구 - 한국과 영국, 미국을 중심으로 -**. 사회복지학 박사논문. 한영신학대학교.

김정원(2009). **사회적 기업이란 무엇인가**. 서울: 아르케.

남세진, 최성재(2003). **사회복지조사방법론**. 서울: 서울대학교 출판부.

노대명(2006). 자활지원제도의 개편방향과 추진전략. 한국보건사회연구원 편, **2006 자활법 공청회자료집**.

_____(2008). 한국의 사회적 기업과 사회서비스. **보건복지포럼**, 74 - 76.

노동부 a(2007.12). 사회적 기업 활성화를 위한 고용지원센터와 지방자치단체 간의 바람직한 역할 방안(http://www.molab.go.kr/view.jspcate = 3&sec = 2&mode = view&smenu = 4&bbs_cd = 106&state = A&seq = 1201071274805).

노동부 b(2007.6). **사회적 기업제도에 대한 이해**. 서울: 노동부.

노동부(2008). **사회적 기업 육성 기본계획**(2008 - 2012).

노동부(2009). **'07, '08 사회적 기업 개요집**

백종만 외 6인(2006). **사회와 복지**. 서울: 나눔의집.

보건복지가족부 a(2008.12). 자활사업에 성과급 도입된다(보도자료).

보건복지가족부 b(2008.12). **자활사업안내**.

보건복지가족부 사회서비스관리센터(2007.12). 사회서비스 활성화를 위한 제도 적 방안연구.

보건사회연구원(2005.8). 사회적 일자리(기업)의 가치평가 및 국민경제적 파급 효과 분석. **보건사회연구**, 25권 1호, 90, 94.

빈곤퇴치연구포럼(2008.11). '빈곤아동 · 청소년을 위한 통합적 지원체계의 모 색. 빈곤퇴치연구포럼(편), **빈곤퇴치연구포럼 창립토론회자료집**.

사회적 기업연구원(2009). 2008 사회적 기업에 대한 일반인 대상 인식 조사 분 석. **사회적 기업**, 9, 25 - 28.

사회투자지원재단a(2009). **사회투자정책 활성화를 위한 유럽사회기금비교연 구: 영국, 프랑스, 이탈리아를 중심으로**. 서울: 사회투자지원재단.

사회투자지원재단b(2009.1). **해외 사회적 기업 법제도 현황**. 서울: 사회투자지 원재단.

사회투자지원재단c(2009.1). **유럽사회기금 성공스토리**. 서울: 사회투자지원재단.

심창학(2007.6). 사회적 기업의 개념 정의 및 범위 설정에 관한 연구: 유럽의 사 회적 기업을 중심으로. **사회보장연구**, 제23권 제2호, 70 - 79.

엄형식(2008). **한국의 사회적 경제와 사회적 기업**. 서울: 도서출판 실업극복국 민재단.

OECD 대표부(2006). OECD 국가의 사회적 기업과 시사점(http://rise.or.kr/RBS/Fn/ CommBoard/View.php?RBIdx = Ver1_54&Page = 2&Idx = 42).

유병선(2008). **보노보 혁명(제4섹터, 사회적 기업가의 아름다운 반란)**. 서울: 부키.

이익섭, 이윤로(2007). **사회복지 조사방법의 이해**. 서울: 학지사.

이원재(2008). **혁신중시형 사회적 기업의 발견**. 서울: 실업극복재단 함께일하 는사회 정책연구원 편.

이화주(2008.08.29). 비영리기관 · 시민단체 출신의 40대가 표준형. **한겨레** (http://www.hani.co.kr/arti/economy/heri_review/307346.html).

이현숙(2008.08.29). '사업 성과' 고민 속에 교육 · 연수 욕구 높아. **한겨레** (http://www.hani.co.kr/arti/economy/heri_review/307343.html).

임혁백 외(2007). **사회적 경제와 사회적 기업**. 서울: 송정.

장지원(2007). 주요국의 행정제도 동향조사 - 영국의정부조직. **한국행정연구원**

논문집.

장원봉(2005). 사회적 경제(Social Economy)의 대안적 개념구성에 관한 연구: 유럽과 한국의 사례를 중심으로. 한국학중앙연구원 한국학 대학원 박사학위논문.

(재)실업극복국민재단 함께일하는사회(2008). 2007년도 노동부 사회적 일자리 창출사업 연구보고서. **실업극복국민재단 함께일하는사회 연구보고서.**

_____(2008.5). **사회적 기업 인증 입문교실.** 서울: 실업극복국민재단함께일하는사회.

전경련(2009). 기업 사회공헌활동에 대한 국민인식 조사. **전경련 보고서.**

정선희(2004). **사회적 기업.** 서울: 다우출판사.

정영호 외(2006.8). 사회적 일자리 비용편익분석: 간병사업을 중심으로. **사회보장연구,** 22권 3호, 124 - 125.

조영복(2007). **사회적 기업 육성을 위한 중장기 정책 방향.** 부산: 도서출판 해석.

조영복a(2008). **사회적 기업의 이해와 국내외 경영사례.** 서울: 노동부.

조영복b(2008.8) 사회적 기업 인증결과와 과제. **전남대학교 사회적 기업 학술 심포지엄 자료집.**

최우성(2008.08.29). '시장' + '가치' 두 날개로 자본주의를 혁신한다, **한겨레** (http://www.hani.co.kr/arti/economy/heri_review/307342.html).

최종태 외(2008). **사회적 기업, 새로운세계: 미국 사회적 기업을 중심으로.** 서울: (재)실업극복국민재단 함께일하는사회 정책연구원.

통계청(2008.10). 2008 고령자 통계.

한국노동연구원(2003). 사회적 일자리 창출방안 연구. **한국노동연구원보고서,** 93 - 4.

한국은행(2008). 사회복지서비스업의 현황과 정책방향.

한상진 외(2005). **사회적 기업, 어떻게 만들 것인가.** 서울: 실업극복국민재단 함께 일하는 사회.

홍석빈(2009.5). 사회적 기업의 지속 성장 가능성. **LG Business Insight,** 1039호, 41 - 50.

II. 외국 문헌

Aiken, Mike(2006). 영국의 사회적 기업. **국제노동브리프,** Vol. 4, No. 6, 한국노동연구원.

Alter, Sutia Kim(2004). *Social Enterprise Typology,* Virtue Ventures LLC.

Borzaga, Carlo & Defourny, Jacques(2001). Conclusions: Social Enterprise in Europe: a diversity of initiatives and prospects. *The emergence of Social Enterprise*. London & New York: Routledge.

Borzaga, Carlo & Solari, Luca(2001). Management Challenges for Social Enterprise. *The emergence of Social Enterprise*. London & New York: Routledge.

Borzaga, Carlo & Santuari, Alceste(2001). Italy: From traditional co－operatives to innovative social enterprises. *The emergence of Social Enterprise*. London & New York: Routledge.

CIRIEC(2007). The Social Economy in The European Union. The European Economic and Social Committee(EESC).

Defourny, Jacques(2001). Introduction: From third sector to Social Enterprise. *The emergence of Social Enterprise*. London & New York: Routledge.

Defourny, Jacques(2006). 확장된 유럽에서의 사회적 기업: 개념과 현실. **국제노동브리프**, Vol. 4, No. 6, 한국노동연구원.

Defourny, Jacques & Solari Luca(2001). Management challenges for social enterprise. *The emergence of Social Enterprise*. London & New York: Routledge.

Doherty, Bob; Foster, George; Mason, Chris; Meehan, John; Meehan, Karon; Rotheroe, Neil; Royce, Maureen(2009). *Management for Social Enterprise*. London: SAGE Publications.

Evers, Adalbert(2001). The significance of social capital in the multiple goal and resource structure of social enterprises. *The emergence of Social Enterprise*. London & New York: Routledge.

Evers, Adalbert & Laville Jean－Louis(2008). **세계화 시대의 새로운 복지**(*The Third sector in europe*)(자활정보센터 역). 서울: 나눔의집.

Evers, Adalbert & Schulze－Bőnig, Matthias(2001). Germany: Social enterprise and transitional employment. *The emergence of Social Enterprise*. London & New York: Routledge.

Gilbert N & Terrell P(2007). **사회복지정책론**(*Dimensions Of Social Welfare Policy*)(남찬섭·유태균 역). 서울: 나눔의집.

Laville, Jean－Louis(2001). France: Social enterprises developing proximity services. *The emergence of Social Enterprise*. London & New York: Routledge.

Leichsenring, Kai(2001). Austria: Social enterprises and new childcare services. *The emergence of Social Enterprise*. London & New York: Routledge.

Loss, Monica(2006.6). Italia의 사회적 기업, **국제노동브리프**, Vol. 4, No. 6, 한국노

동연구원: 31 – 38.

Mason, J(1999). **질적 연구방법론**(*Qualitative researching*)(김두섭 역). 서울: 나남.

OECD(1999). Social Enterprise

Pättiniemi, Pekka(2001). Labour co – operatives as an innovative response to unemployment. *The emergence of Social Enterprise*. London & New York: Routledge.

Rubin, A. & Babbie, E(1998). **사회복지조사방법론**(*Research methods for social work*)(성숙진 외역). 서울: 나남.

Salamon, Lester M(2000). **NPO란 무엇인가**(*America's Nonprofit Sector: A Primer*)(이형진 역). 서울: 아르케.

Sherman, Edmund & Reid, William J(2004). **사회복지 질적 연구방법의 이론과 활용**(*Qualitative research in social work*)(유태균 외 역). 서울: 나남.

Spear, Roger(2001). UK: A wide range of Social Enterprise. *The emergence of Social Enterprise*. London & New York: Routledge.

Stryjan, Yohanan(2001). Sweden: The emergence of work – integration social enterprises. *The emergence of Social Enterprise*. London & New York: Routledge.

UK DT a(2007). **사회적 기업: 성공을 위한 전략**(*Social Enterprise: a strategy for success*)(조영복 · 곽선화 역) 부산: 사회적 기업연구원.

UK DTI b(2007). **사회적 기업 진행보고서: 성공을 위한 전략**(*A progress report on Social Enterprise: a strategy for success*)(조영복 · 곽선화 역). 부산: 사회적 기업연구원.

UK DTI c(2007.12). **영국의 사회적 기업 육성계획**(*Social Enterprise Action Plan*)(사회적 기업연구원 역) 부산: 사회적 기업연구원,

Vidal, Isabel(2001). Social enterprise as a response to unemployment policy failure. *The emergence of Social Enterprise*. London & New York: Routledge.

Young, Denis R. & Steinberg, Richard(2008) **비영리경제학 – 비영리경영을 위한 경제학 교과서**(*Economics for nonprofit managers*)(이형진외 역) 서울: 아르케.

Yunus, Muhammad(2008). **가난 없는 세상을 위하여**(**사회적 기업과 자본주의의 미래**)(*Creating a world without poverty*)(김태훈 역) 서울: 물푸레.

〈사이트 등〉

사회적 기업, http://www.socialenterprise.or.kr/
아시아 경제, 09.7.6. http://www.asiae.co.kr/news/view.htm?idxno=2009070611575220253&nvr=y.
한국경제, 09.8.28. http://www.hankyung.com/news/app/newsview.php?aid=2009031298461.

찾아보기

김봉화

상명대학교 행정학과 졸업
상명대학교 대학원 행정학 박사(사회복지 전공)
현) 한영신학대학교 아동복지학과 교수

김재호

사회복지학 박사
사회복지통계 & 컨설팅연구소 대표
장안대학교 사회복지과 겸임교수
건국대학교 미래지식교육원 지도교수

한국의
사회적 기업
모형개발과
운영전략

초판인쇄 | 2010년 8월 31일
초판발행 | 2010년 8월 31일

공 저 자 | 김봉화 · 김재호
펴 낸 이 | 채종준
펴 낸 곳 | 한국학술정보㈜
주   소 | 경기도 파주시 교하읍 문발리 파주출판문화정보산업단지 513-5
전   화 | 031) 908-3181(대표)
팩   스 | 031) 908-3189
홈페이지 | http://ebook.kstudy.com
E-mail | 출판사업부 publish@kstudy.com
등   록 | 제일산-115호(2000. 6. 19)

ISBN   978-89-268-1466-6 93330 (Paper Book)
        978-89-268-1467-3 98330 (e-Book)

내일을여는지식 ■은 시대와 시대의 지식을 이어 갑니다.